本书受到国家自然科学基金青年项目"重大工程社会责任多元动机解构、双向演化及治理策略研究"（项目批准号71801083）、河南省高等学校重点科研项目计划"政府—市场二元视角下重大工程社会责任动机复杂性及治理策略研究"（项目批准号9A630004）、河南省重点研发与推广专项（科技攻关）项目"动机隐蔽性视角下基础设施社会责任正向涌现与异化阻断治理研究"（立项编号212102310002）的支持。

重大工程
社会责任动机复杂性
及治理策略研究

杨德磊◎著

Research on the Motivation Complexity and
Governance Strategies of
Megaproject Social Responsibility

中国社会科学出版社

图书在版编目（CIP）数据

重大工程社会责任动机复杂性及治理策略研究／杨德磊著 .—北京：中国社会科学出版社，2020.11
ISBN 978－7－5203－7402－6

Ⅰ.①重… Ⅱ.①杨… Ⅲ.①重大建设项目—社会责任—研究 Ⅳ.①F282

中国版本图书馆 CIP 数据核字（2020）第 199350 号

出 版 人	赵剑英
责任编辑	黄 晗
责任校对	周 昊
责任印制	王 超
出　　版	中国社会科学出版社
社　　址	北京鼓楼西大街甲 158 号
邮　　编	100720
网　　址	http://www.csspw.cn
发 行 部	010－84083685
门 市 部	010－84029450
经　　销	新华书店及其他书店
印　　刷	北京明恒达印务有限公司
装　　订	廊坊市广阳区广增装订厂
版　　次	2020 年 11 月第 1 版
印　　次	2020 年 11 月第 1 次印刷
开　　本	710×1000　1/16
印　　张	11.25
插　　页	2
字　　数	165 千字
定　　价	68.00 元

凡购买中国社会科学出版社图书，如有质量问题请与本社营销中心联系调换
电话：010－84083683
版权所有　侵权必究

前　言

近三十年来，我国重大工程建设取得了举世瞩目的成就。包括长江三峡、西气东输、南水北调、青藏铁路、港珠澳大桥等项目均堪称世界工程奇迹。重大工程是对地区经济、政治、社会、环境、安全等具有重要影响的大型公共物质工程设施和重大公共服务系统。当前，重大工程面临前所未有的战略机遇期、环境敏感期和多元价值重构期，其社会责任的紧迫性和复杂性日益突显，成为影响其可持续发展的关键因素。然而，实践表明，当前传统的社会福利改善单一价值标准和缺乏量化可操作的社会责任评价体系导致重大工程社会责任（Megaprojects Social Responsibility，MSR）的合理性和正当性正面临巨大挑战甚至质疑，使其陷入社会责任缺失与虚假社会责任并存的治理"困局"。因此，从多元价值视角辨识重大工程社会责任正当和合理的动机成分，揭示其动机的复杂性规律，并构建重大工程社会责任评价指标体系，已经成为其破解社会责任治理难题和推动可持续发展亟待解决的关键问题。因此，本书围绕与重大工程社会责任动机复杂性和评价体系有关的关键问题展开研究，据此提出重大工程社会责任治理策略，主要研究内容和结论如下：

（1）解构了重大工程社会责任的多元化动机构成，厘清了参建方互惠动机的合理性和正当性。在利他动机理论的基础上，结合行业专家访谈，识别出情境化的 MSR 动机，包括社会价值动机和互惠动机两种成分，其中互惠动机包含企业发展和政治诉求两种类别，除了传统的社会价值动机，为了满足互惠动机而履行社会责任不应给予否定和争议，应当充分地接受和肯定其合理性和正常性。

（2）在政府—市场二元机制下，系统分析了 MSR 的政府规制体系及其传递路径，同时重点分析项目指挥部这一典型项目组织模式中政府规制机构的作用机制，研究发现重大工程中项目自身和参建方分别与政府之间形成的政府关联是 MSR 规制得以传递和执行的重要路径，成为 MSR 动机出现动态复杂性的重要情境要素。

（3）揭示了重大工程社会责任动机的动态复杂性特征。基于行业调研数据，采用层次回归分析方法，验证了上述两种利他动机与 MSR 之间的关系。结合规制体系对 MSR 的影响及其传递路径，提取了重大工程普遍存在的政府关联这一变量，综合论证了重大工程社会责任动机的复杂性。结果表明，参建方的社会价值动机对 MSR 的驱动作用要大于互惠动机，但两种动机之间具有动态转化关系，当政府关联普遍较高时，社会价值动机会转换为互惠动机，且这种转换具有隐蔽性和动态性。

（4）重大工程社会责任履行程度评价。对当前重大工程关键参建方履行社会责任的程度进行了整体调研和评价。调查发现，首先，关键参建方在项目的立项阶段、实施阶段和运营维护阶段均在较大程度上履行了社会责任，但目前尚存在以下问题：立项阶段对社会责任的重视不足，设计阶段专家只有建议权，关键性、全局性等问题的决策权仍由政府掌握，施工环节存在虚假社会责任现象，运维环节缺乏应急管理考量等问题；其次，当前存在社会责任缺失与前期决策阶段对项目评价不够重视和社会责任不明确等具有密切关系。

（5）重大工程社会责任评价体系。通过专家访谈和问卷调研识别出重大工程社会责任清单，构建重大工程社会责任评价体系，包括政治、经济与质量、法律、环保与伦理四个维度，共 20 个指标，并通过模糊层次分析法确定社会责任各级指标权重，提出将社会责任评价体系纳入到项目可行性研究报告的建议，改变传统可行性研究报告关于社会责任粗放的定性评价，强化政府和业主等关键利益者对社会责任的重视和推行，为 MSR 治理提供决策工具。

（6）重大工程社会责任治理策略设计。基于上述研究结论，本研究提出了三个方面的重大工程社会责任治理策略，具体包括正向激励策略、异化阻断策略和在决策阶段的项目评价中加入社会责任评价体系等。

本书从重大工程社会责任面临的挑战和治理困境出发，根据利他行为理论、公共管理、社会责任研究等多方面的理论成果，厘清了重大工程社会责任的多元动机成分及其动态复杂性特征，并依据重大工程社会责任缺失的原因调研，构建并论证了重大工程社会责任评价体系，从项目决策阶段强化重大工程关键利益相关者对社会责任的重视和切实履行，为决策者提供量化可操作的策略工具，据此提出了重大工程社会责任治理策略，为推动重大工程可持续发展及其理论构建提供了重要支撑和实践指导。

目　录

第一章　绪论 ……………………………………………………（1）
　第一节　研究背景 ………………………………………………（1）
　第二节　研究问题与主要内容 …………………………………（4）
　第三节　研究综述 ………………………………………………（5）

第二章　重大工程社会责任多元动机成分识别 ……………（21）
　第一节　重大工程社会责任的实施主体 ………………………（22）
　第二节　重大工程社会责任实施主体的网络关系 ……………（25）
　第三节　重大工程社会责任实施主体的价值诉求 ……………（28）
　第四节　重大工程社会责任多元动机模型 ……………………（33）
　第五节　结论与建议 ……………………………………………（35）

第三章　重大工程社会责任的规制体系及其传递路径 ……（37）
　第一节　引言 ……………………………………………………（37）
　第二节　重大工程社会责任政府规制理论分析 ………………（39）
　第三节　重大工程社会责任政府规制机制分析 ………………（47）
　第四节　重大工程社会责任政府规制传递路径分析 …………（51）
　第五节　重大工程社会责任政府规制优化路径选择 …………（57）
　第六节　结论与建议 ……………………………………………（59）

第四章　重大工程社会责任多元动机验证 (61)

第一节　研究概述 (61)

第二节　假设提出 (63)

第三节　研究方法 (65)

第四节　分析与结果 (71)

第五节　结果讨论 (80)

第六节　研究结论 (84)

第五章　重大工程参建方履行社会责任评价 (86)

第一节　引言 (86)

第二节　相关概念界定及理论基础 (91)

第三节　重大工程社会责任现状分析 (95)

第六章　重大工程社会责任评价体系构建 (105)

第一节　社会责任评价模型构建思路设计 (105)

第二节　社会责任评价指标体系建立 (111)

第三节　社会责任评价模型构建 (116)

第七章　重大工程社会责任评价体系实证分析 (122)

第一节　××市A国道辅道快速化项目概况 (122)

第二节　××市A国道辅道快速化项目社会责任评价过程 (123)

第三节　××市A国道辅道快速化项目社会责任提升建议 (128)

第八章　重大工程社会责任治理策略 (131)

第一节　重大工程社会责任治理依据 (131)

第二节　重大工程社会责任治理策略建议 (132)

参考文献 ……………………………………………………（135）

附录Ⅰ 重大工程社会责任指标调查问卷 ………………………（155）

附录Ⅱ 重大工程社会责任指标相对重要性程度调查问卷……（159）

附录Ⅲ ××市A国道辅道快速化项目社会责任履行现状
调查 ………………………………………………………（164）

附录Ⅳ 专家访谈提纲 ……………………………………………（166）

附录Ⅴ 重大工程社会责任动机调查问卷 ………………………（167）

第一章　绪论

第一节　研究背景

重大基础设施工程（以下简称"重大工程"）对国家和地区经济、公共物品以及全生命周期内的环境等多方面有重大影响，应当肩负重大社会责任（Zeng 等，2015）。当前，我国重大工程正面临前所未有的战略机遇期、环境敏感期和多元价值重构期，其社会责任的紧迫性和复杂性日益突显，已经成为影响重大工程可持续发展的关键因素（Zeng 等，2015；Shen 等，2017；梁茹、盛昭瀚，2018）。

传统观点认为，参建方履行社会责任的最终动机应当源自对公共福利改善等社会价值创造的追求（肖红军等，2013；Zeng 等，2015）。但众多实践表明，重大工程社会责任动机具有多元化特征（Zeng 等，2015；Mok 等，2017）。上述社会价值创造的单一动机解释导致重大工程社会责任的合理性和正当性正面临着巨大挑战甚至争议和质疑（Austin 和 Seitanidi，2012；肖红军等，2013；Flyvbjerg，2017；Ma 等，2017），尤其是兼顾政府和企业利益的行为因其动机难以区分更是成为舆论质疑的"焦点"（Gil 和 Beckman，2009），致使参建方陷入"不作为导致缺失，作为导致争议"的社会责任"困局"，很多重大工程或者成为社会责任缺失的"重灾区"，或者陷入"社会责任陷阱"，出现盲目提高工程技术标准"争创第一"、片面追求"中国速度、中国高度""漂绿行为"等"虚假社会责任"乱象，带来大量资源浪费和社会福利损失，成为重大工程可持续发展的"绊脚石"（Lin 等，2017）。

然而，重大工程社会责任并不是"免费午餐"，参建方需要投入大量成本，因此，在实现社会价值创造的同时，还需要一定的利己性动机驱动（Li 等，2014）。而重大工程普遍存在"绩效悖论"，成本超支、进度延期、质量和安全事故频发现象普遍存在（Flyvbjerg，2017），财务绩效等短期经济效益改善显然不是参建方承担社会责任的主要动力（Mok 等，2017）；同时，重大工程具有一定的公共物品属性，其外部性决定了参建方的社会责任行为在创造社会价值的同时，还会为其自身带来政治利益、社会认同、商业机会、核心竞争力等多方面的价值提升，一定程度上可以弥补社会责任的成本投入，因此成为参建方的重要价值诉求（Scherer，2017；Flyvbjerg，2017）。由此可见，实现社会价值、政治诉求、商业利益等多元价值共创应当是众多参建方承担社会责任的主要动机成分。但重大工程的生命周期动态性、利益相关者异质性和交互性决定了社会责任的多种动机成分会不断发生演化和混淆，其合理区间难以清晰辨识，导致上述社会责任"困局"和异化现象大量出现，给重大工程带来社会责任治理难题（Lin 等，2017；Ma 等，2017）。因此，从多元价值视角辨识具有理论逻辑性和实践指导性的重大工程社会责任动机模型，厘清义利兼顾的动机成分和合理区间，已经成为其破解社会责任治理难题和推动可持续发展亟待解决的关键问题（Christensen 等，2014；肖红军等，2014；Ma 等，2017）。

与此同时，重大工程具有典型的政府—市场二元制度情境，制度环境的复杂性与不确定性会导致社会责任动机可能在社会价值与政治诉求、商业价值等利己性动机之间出现多种方向和程度的演化（乐云、刘嘉怡，2018）；政府关联和兼任现象的普遍存在可能掩盖参建方尤其是国有企业社会价值创造动机向市场价值甚至政治诉求方向转换,或者导致"政府越位、市场不足",侵蚀参建方的合理利益,致使动机演化呈现隐蔽性特征(乐云等,2016;李永奎等,2018;Yang等,2018);政府的主导作用以及参建方之间复杂的委托代理关系决定了动机演化的触发模式和响应模式具有层次性和传递性特征(张劲文、盛昭瀚,2014;李永奎等,2018)。因此,政府—市场二元制度的典型情境决定了重大工程社会责任的社会价值、商业价值和政治诉求等多元动机成分呈现动态性和复杂性特征,甚至出现隐蔽演化的"动机黑箱",使得动机的演化方向、演化过程与演化效应难以清晰识别和控制(Mok等,2017;Gil和Beckman,2009;Zeng等,2015)。

当前,现有的工程项目评价体系从内容上主要分为经济评价和社会评价,经济评价又可分为财务评价和国民经济评价。通过收集的多份重大工程建议书和可行性研究报告,可以看出,在项目前期决策阶段主要进行经济评价,主要关注的是工程类的硬件内容,比如建设条件、技术标准、建设方案与规模、经济效益、实施方案等,而较少关注工程类软环境内容,比如项目对社会影响分析、项目与所在地互适性分析、项目社会风险分析等,项目可行性报告往往比较简单(张灿明,2018)。目前大多数项目的可研报告内容固定统一,有关社会责任的内容千篇一律,缺少具体量化的指标体系,很难真正达到评价的目的。项目前期决策是在立项前围绕工程战略宏观层面以及系统整体层面,对工程建设做出的决策,具有基础决定性作用,其决策正确与否不仅影响工程建设全过程,也在很大程度上决定了工程在社会中的地位和价值。如果在前期决策阶段就能够明确各个利益相关者应该承担的社会责任、规范社会责任评价,将会从源头上减少社会责任缺失带来的各种负面效应和不良影响。

目前我国鲜有针对大型基础设施项目社会责任评价体系的系统性研究,社会各界对大型基础设施项目社会责任的认识还较为片面。故本书结合重大工程特点,对国内外重大工程的社会责任理论研究成果进一步深化，旨在提升社会责任的战略地位。此外，大型基础设施项目社会责任评价结果对重大工程可持续发展具有重大影响，本书通过研究大型基础设施项目社会责任，为大型基础设施项目如何履行和评价社会责任提供规范和模型，以便改进和完善大型基础设施项目决策评价体系。

因此，在我国重大工程社会责任缺失现象频发，其治理有效性面临巨大挑战的形势下，研究重大工程社会责任动机、构建项目决策阶段的社会责任评价体系具有理论和实践方面的必要性（Compell，2007；Christensen 等，2014；Ma 等，2017）。

综上所述，本书借鉴组织行为学关于利他行为动机的最新成果以及社会责任相关的评价研究，结合重大工程理论和制度理论，从政府—市场二元制度环境出发，研究中国情境下重大工程社会责任的多元动机成分及其演化规律，构建重大工程决策阶段社会责任评价体系，并据此进行社会责任治理策略设计，对于构建重大工程管理的社会责任理论体系，促进重大工程可持续发展具有重要理论与实践意义。

第二节　研究问题与主要内容

有鉴于此，本书针对重大工程社会责任和可持续发展存在的关键问题，试图在总结国内外学者研究成果的基础上，整合重大工程理论、组织行为学中的利他行为动机理论、社会责任相关评价等多种理论成果，聚焦于重大工程社会责任的多元动机基本规律、评价体系构建和治理策略设计，进行理论与实证研究，主要侧重以下方面：

第一，辨识重大工程利益相关者承担社会责任的多元动机意图、演化方向与区间，构建重大工程社会责任多元动机的理论模型。

第二，探析重大工程社会责任动机双向演化效应，从政府规制体系出发，揭示演化过程的触发模式、响应模式与演化效应等关键节点与因果链。

第三，验证政治关联等"政府"要素对社会责任动机演化方向、演化程度、演化效应的隐蔽性和"合理区间"边界的耦合作用，据此提出重大工程社会责任"正向触发""异化阻断"的治理策略。

第四，选取并优化重大工程社会责任评价指标清单，确定指标的绝对权重和相对权重，设定最大隶属度的判定原则，构建具有具体量化方法和可操作性的重大工程前期决策的社会责任评价体系，据此提出重大工程社会责任治理策略。

第三节 研究综述

（一）重大工程社会责任研究综述

作为可持续发展的关键内容，重大工程社会责任正逐步成为工程管理领域研究的新热点（Shen 等，2017；Lin 等，2017；Li 等，2018），学者们从不同角度进行了有益的探索（Zhou 和 Mi，2017）。由于重大工程具有全生命期长、利益相关者多、临时性、一次性等特点，导致其社会责任与一般的企业社会责任有着显著差异（Zeng 等，2015；Flyvbjerg，2017）。

1. 重大工程社会责任内涵与界定

社会责任，特别是企业社会责任的概念在 20 世纪 50 年代被 Bowen 首次提出，并在最近几十年不断演化和发展。现有企业社会责任的研究较为系统和丰富，其核心内容包括社会问题、环境问题、伦理问题和利益相关者问题（周祖城，2011）。1988 年，Merrow 首次将社会责任思想引入到项目，对其建设成本和所消耗的人力物力带来的社会影响进行研究，结果表明项目的规划程序应该平衡当代人和后代人之间的社会效益和经济效益。2007 年以前，关于大型基础设施项目社会责任的研究仍比较有限和零散。2007 年以后，随着越来越多大型基础设施项目的提出和建设以及学者关注度的逐渐增加，相关研究不断增加。虽然大型基础设施项目的社会责任问题一般遵循企业社会责任的研究范式（Matten 和 Moon，2008），但是大型基础设施项目的特殊性与复杂性导致其与企业社会责任有着显著区别，在决策、组织、质量、安全、资源利用、环境与社会影响等方面所遇到的现实问题，远远超过了大型基础设施项目管理的范畴（Flyvbjerg，2014；Gil、Beckman，2009）。

社会责任指南（ISO26000）包括组织管理、人权、劳工实践、环境、公平运营、消费者权益和社区参与七大主题。结合大型基础设施项目的特殊性，关于其社会责任的研究议题主要体现在污染控制、生态保护、职业健康与安全、工程反腐败、移民安置、防灾减灾和贫困消除（Zeng 等，2015）。项目管理领域对重大工程的环境（Xue 等，2015）、社会风险（Shi 等，2017）、质量与安全（Fang 等，2015；Li 等，2017）、绿色建造（Qi 等，2010）、碳排放（Xie 等，2017）、参建企业的社会责任缺失现象（Lee 等，2018）等问题的研究均属于重大工程社会责任的范畴。基于以往研究，Zeng 等（2015）首次将重大工程社会责任定义为"重大工程利益相关者在项目全生命周期中为增进人类福祉，通过其决策和活动而承担的责任"，包含经济、法律、伦理、政治四个维度。在此基础上，Lin 等（2017）提出了重大工程全生命周期社会责任评价的动态权重体系，为重大工程社会责任测度和评价提供了量化工具。

当前，对于工程社会责任内涵的研究，主要有两种观点，一种观点是工程社会责任不包含经济责任和法律责任，强调的是环境责任、伦理责任、慈善责任和政治责任等工程责任；另一种观点是工程社会责任等同于工程责任，包含经济责任和法律责任（谢琳琳，2019）。本书采用第二种观点。目前项目管理领域对大型基础设施项目工程社会环境（贾广社、王意，2014）、质量与安全（Li 等，2017）、社会风险（Shi 等，2015）、绿色建造（Qi 等，2010）、工程腐败（何菁，2013；洪伟民、陈威威，2017）、工程社会责任主体结构（丰景春、刘洪波，2008；沈岐平、杨静，2010）等相关问题的研究均属于大型基础设施项目社会责任范畴，但是较少学者将这些研究统一到工程社会责任语境下进行全方面的研究。基于此，参照Zeng等（2015）对大型基础设施项目社会责任的定义，本书将重大工程社会责任定义为"重大工程利益相关者在项目全生命周期中为增进人类福祉，通过其决策和活动而承担的责任"。重大工程社会责任与企业社会责任不同，企业社会责任指标往往只关注组织或公司微观层面结果，而大型基础设施社会责任需要同时关注微观和宏观层面效应（He等，2019），例如，经济责任、质量责任、法律责任、环境与伦理责任和政治责任（Zeng等，2015；Lin等，2017）。

2. 重大工程社会责任前因与效果

关于前因，已有研究指出，重大工程社会责任会受到来自财务投资者、组织规模、组织文化、政府行为、资源分配等内部利益相关者的影响（Li和Zhang，2010；She等，2018），以及信息技术发展等外部环境不确定性的影响（Yun，2014）；另外，Matten和Moon（2008）指出，全球化、公众意识、市场条件、社会价值观、行业发展等宏观社会因素亦会影响重大工程社会责任的履行。关于效果，从正面来看，重大工程社会责任可以带来成本节约、信用增加、市场竞争力提高、参建方之间的集成和信任、项目风险缓解等方面的效果（Flyvbjerg，2017；Zhou和Mi，2017）；从反面来看，重大工程社会责任缺失则可能会导致工程腐败、韧性降低、职业健康与安全问题、移民安置问题、环境污染、生态破坏、返贫等恶性社会后果（Zeng等，2015；Zhou和Mi，2017）。刘哲铭等（2018）立足国际视域，选择社会责任中最具普遍性和典型性的劳工权益和环境保护，对社会责任演进历程和演进规律展开研究，认为规制拉动、伦理推动、经济支撑和政治基础是社会责任演进的4个核心影响因素。同时基于不同理论，有学者从多个方面研究大型基础设施项目社会责任。基于利益相关者理论，王爱民（2014）认为政府、公众、媒体、工程参建方和监管机构等社会责任缺失极大地削弱了大型基础设施项目的经济目标与社会目标，他指出透明、畅通的沟通渠道和信息共享机制是促进利益相关方社会责任履行、应对危机事件发生的关键。基于社会行动理论，谢琳琳等（2018）将重大工程的社会责任行为定义为：行为主体在制度环境、社会压力等综合作用下，出于组织肩负的社会责任意识，试图去应对与组织相关的重大工程社会责任问题，通过构建出"主体—行为—情境—阶段"的四维重大工程社会行为系统，对研究大型基础设施项目利益相关者的行为选择提供了系统框架。基于制度理论，社会责任行为能够帮助组织获取经济、政治及社会合法性，从而降低经营风险（Wang 和 Qian，2011）。此外，鉴于大型基础设施项目社会责任理论体系还未成熟，学者倾向用完善的社会冲突（Jia 等，2011）、社会治理（Ma 等，2017）等社会学理论来解读大型基础社会项目社会责任行为。在建设工程领域，环境保护、工程伦理等社会责任问题已经成为研究热点（Oladinrin 和 Ho，2014；何继善等，2008）。尹建平（2012）从决策、设计、施工、质量检测等各个阶段研究南水北调工程中存在的伦理风险，并提出加强工程伦理的建制、构建工程共同体职业伦理评价机制等措施规避工程伦理风险。Oladinrin 等（2014）提出从管理与组织、计划与监管、价值与利益三视角出发的社会责任管理是解决工程伦理的关键。

3. 重大工程社会责任情境

学者们普遍认为重大工程整体上具有典型的政府—市场二元交互制度环境（乐云、刘嘉怡，2018；李永奎等，2018；Yang 等，2018）。在该制度环境中，政府与企业的社会责任需要交互，参建方背后亦存在复杂多样的制度逻辑（He 等，2015；李永奎等，2018；王歌等，2018），政府规制和市场驱动在社会监督作用下共同塑造了重大工程社会责任复杂的多元治理结构（Lin 等，2017；Ma 等，2017）。乐云等（2015）和 Zhai 等（2017）深入分析了我国重大工程特有的组织模式导致的参建企业和政府之间存在复杂的政治关联，以及高层管理者普遍存在的兼任现象，可能会导致履行社会责任时出现"政府越位、市场不足"或"政府—市场作用边界不清"的情况。张劲文与盛昭瀚（2014）和李永奎等（2018）指出参建方之间存在政府式委托和合同式委托，形成了多层次委托—代理关系，社会责任行为主体关系复杂。从社会责任特性来看，Zeng等（2015）凝练了重大工程社会责任的利益相关者异质性、全生命周期动态性、社会责任交互性等区别于一般社会责任的独特性特征。从社会属性来看，Flyvbjerg（2017）指出，重大工程往往追求实现全球性的变革和挑战，给环境造成巨大压力，易于引起争议并被媒体报道放大，受到社会价值和道德标准的多重约束。

4. 重大工程社会责任动机与治理策略

肖红军等（2013）和Zeng等（2015）指出，传统观点将重大工程社会责任动机界定为社会福祉的改善，形成了单一社会价值创造标准的动机解释，导致重大工程社会责任备受争议，异化现象大量存在，其治理亦面临巨大挑战。Ma等（2017）和Lin等（2017）指出重大工程社会责任的交互性决定了同一参建方可能有多种并存的动机成分。王利平（2012）认为我国的体制环境决定了重大工程不能脱离社会政治价值为主导的社会环境，因此，Mok等（2017）指出，政治诉求应和社会价值创造一样成为重大工程社会责任动机的重要内容；而Frynas等（2015）指出市场经济体制则同时决定了允许参建企业承担社会责任时有一定的商业动机。而Zeng等（2015）进一步指出，长生命周期和情境的复杂性决定了同一参建方的社会责任动机还会随着时间的推移发生改变。Christensen等（2014）发现，这种参建方承担社会责任动机的多样性与动态性，使得同样的治理措施可能取得不同的治理效果，是出现社会责任治理难题的关键。针对这一现状，Ma等（2017）突破传统社会价值创造的单一视角，指出重大工程社会责任治理的基本思想应当是实现多元价值共创、利益均衡和社会利益最大化，据此提出了基于"政府—社会—企业"共同参与的重大工程社会责任治理三元框架，并指出参建方的多元动机和合理利益的均衡是优化社会责任治理策略、破解社会责任治理难题的关键所在。

可见，社会责任是重大工程研究的重要领域，已取得了有意义的成果。当前，已有学者认识到，突破社会价值创造的单一视角，实现社会责任多元价值共创和利益动态均衡是重大工程社会责任治理策略选择和实现可持续发展的关键，但目前还鲜有文献系统研究重大工程社会责任多元动机成分及其动态规律，尤其是缺少对社会责任多元动机及其动态规律的系统研究（Scherer，2017；Zhou 和 Mi，2017）。已有研究指出了重大工程社会责任的独特性和政府—市场二元交互的典型制度情境导致其动机呈现出多样性、动态性和复杂性特征，可能同时具有社会价值诉求、政治诉求和商业诉求等多种成分，亦会在项目生命周期内发生演化等结论，为本书进行社会责任动机的多元解构、动态演化效应论证、据此提出治理策略的研究思路提供了重要基础。

（二）重大工程社会责任动机的相关研究趋势综述

传统研究多关注社会责任的前因和后果（Aguinis 和 Glavas，2012；Govindan 等，2014；Christensen 等，2014；Malik，2016；Misani，2017），近年来，社会责任动机相关的研究开始得到关注（Dare，2016），出现以下趋势。

1. 主流的社会责任动机研究正在逐渐偏离对财务绩效的计算，更关注长远价值动机意图的满足（Misani，2017）

大量实证研究关注社会责任对财务收益改善的解释（Malik，2015；Mzembe 等，2016；Misani，2017）。但 Fogler 和 Nutt（1975）等研究已指出，社会责任很难产生可观的经济收益，Malik（2015）结合实证结果指出，社会责任会带来财务收益的恶化，同时却需要企业承担额外的成本，因此，应当考虑其非经济动机，甚至是基于经济利益损失的长远价值诉求。Misani（2017）通过综述发现，当前趋势正在逐渐偏离对财务绩效的计算，更关注长远价值动机意图的满足。如规制收益与合法性，获得积极媒体报道，获得有利政策支持，建立良好企业形象，提高企业声誉和竞争优势，提升利益相关者价值，企业责任感的满足与获得社会认同等新的研究热点等（Mzembe等，2016；Kim等，2018）。部分学者将社会责任的相关动机归纳为价值驱动、绩效驱动和利益相关者驱动（Maignan和Ralston，2002；Govindan等，2014）。Aguilera等（2007）从心理学、社会学等多个学科出发提出了社会责任的伦理动机、工具动机和关系动机，是引用较多的观点。Mzembe等（2016）亦指出，这些动机之间高度相关，甚至相互转换，需要关注动机的动态变化，如通过行业协会的社会价值观教育可以增加社会责任动机的利他成分。

2. 从组织行为学等多学科角度和方法出发关注社会责任的复杂动机开始成为实现理论创新的突破点（Dare，2016；Scherer，2017）

Christensen等（2014）认为，传统观点将社会责任的多元动机成分归纳为工具性动机和利他动机，仅仅是社会责任的两种极端情况。Scherer（2017）进一步指出，实际上，社会责任的动机很可能是兼具工具性和利他成分，并且是不断变化的。目前这种动机尚缺乏充分的量化实证验证（Christensen等，2014）。一方面，Morgeson等（2013）认为借鉴组织行为学和心理学的理论和实证研究方法关注主观非物质因素，有助于论证多种动机成分并存的情形和实现社会责任动机研究的理论创新。在研究方法上，基于情景耕耘的计算实验方法可以实现情境要素提取的遍历性，适用于解决重大工程社会责任有关的复杂动态问题建模（Zhou和Mi，2017）。另一方面，Frynas和Stephens（2015）认为社会责任一直与政治问题密切相关，从社会责任的政治角度出发，提出政治社会责任的概念，认为组织可以通过承担社会责任在弥补政府失灵带来的国家治理与政府规制不足方面发挥重要作用（利他成分），来同时满足自身合理正当的长期战略利益诉求（利己成分）。Scherer（2017）进而指出，这种兼具利己和利他成分的动机反映了行为经济学的内部动机溢出效应。

可见，尽管缺少社会责任动机演化的深入研究，但在财务绩效悖论的情况下，学者们逐渐开始从组织行为学的新视角关注社会责任的主观非物质动机成分及其复杂性和动态性特征，最新的政治社会责任概念从内部动机的溢出效应验证并肯定了社会责任利己与利他两种动机成分并存的正当性，但目前上述观点尚缺乏实质性的理论研究和现实验证；基于情景耕耘的计算实验方法被证实适用于量化和验证上述动机复杂性。这些成果为本项目选取理论视角和研究方法提供参考和指引。

（三）重大工程社会责任动机的理论视角

尽管重大工程社会责任动机已经超出了传统社会责任理论和项目管理理论的解释范畴，研究相对匮乏，但利他行为动机和制度理论的最新研究成果可以为本项目提供充分的借鉴（Li 等，2014；Malik，2015；Garriga 等，2016；Dare，2016）。

利他行为描述的是对他人或社会福利带来改善的行为（Fehr 和 Fischbacher，2003），包括组织行为学中组织公民（Organizational Citizenship Behavior，OCB）、企业公民（Corporation Citizenship）、社会责任等概念（Lin 等，2010）。本质上，利他行为需要多个参与方相互协同的努力并彼此共同采取利他行动才能完成，多个组织对相互协同的贡献构成了高阶利他行为的重要内容（Li 等，2014）。

利他主义认为，由于利他行为涉及的行动都是有成本的，不可能是自发的，需要有一定的动机来驱动（Piliavin 和 Charng，1990；Li 等，2014）。Li 等（2014）指出，利他行为动机有两大特征：第一，利他行为的动机不唯一且并不必要完全利他，可以有利己成分；第二，利他行为动机是动态的，会在完全利他动机与包含利己成分的利他动机之间切换。Grant（2013）将包含利己成分的利他动机归纳为基于利己的利他（Self-serving Altruism）动机，是指组织追求能够促进自身发展或带来长期价值的行为动机,是一种互惠性的长期效用动机(Reciprocal Motive),而完全利他动机(Pro-social Altruism)指多组织共有的、努力做出完全利他行为的意愿。如亲社会动机,不追求自利性经济回报的计算,关注行为如何影响社会福利和公共利益的改善,强调了行为动机的社会属性(Li 和 Liang,2015)。

关于动机驱动利他行为的发起过程,利他主义认为:①利他行为动机需要人为触发。参与方可能担任不同的角色,且相互影响,要有一个或多个参与方以非正式领导者身份以某种动机发起利他行为,然后带动所有参与方做出响应,共同完成利他行为,启动利他行为的良性循环并促使其出现不断地扩散和演化(Grant,2013)。②利他行为动机演化过程和效应会受到外部社会性因素的影响。由于较高的相互依存性,组织的利他行为易于受到社会因素的影响,如同行的影响(Stewart 等,2012),包括压力和规范,可接受行为、约定俗成的非正式标准等(Ehrhart 和 Naumann,2004;Grant,2013)。规范在保持利他可持续性方面起着关键作用,一旦规范形成,利他行动就会变得稳定并持续下去(Ehrhart 和 Naumann,2004)。

同时,根据 DiMaggio 与 Powell(1983)和 Campbell(2007)的研究,制度理论将上述影响利他行为的外部社会环境中同行压力、规范、约定俗成的正式与非正式标准等要素定义为规制、规范和文化—认知等制度三要素;Greenwood 等(2011)、Salomon 和 Wu(2012)、杨书燕等(2017)制度理论的最新成果则指出了不同参与方(组织)所处的制度环境差异性对组织行为的重要作用。

可以看出,重大工程社会责任满足利他行为属性,利他行为动机的理论观点可以为本项目关于重大工程社会责任的多元动机构成及其正当性、动机演化方向、合理区间、触发与响应模式等提供较为系统的理论解释;而制度理论关于影响组织行为的制度三要素(规制、规范和文化—认知)、制度差异性等有关观点被广泛用于解释不同制度环境下的社会责任动机演化和重大工程领域的复杂问题(Matten 和

Moon，2008；Gil 和 Beckman，2009），与利他主义刻画的利他行为动机演化受到的外部社会性因素的观点形成了呼应和互补，因此，可以较好地为本项目研究社会责任动机演化过程和演化效应提供理论支持。

（四）重大工程社会责任评价的相关研究

1. 大型基础设施项目工程管理研究

随着大型基础设施项目日益增加及其社会影响日益增强，大型基础设施项目工程管理研究在 20 世纪 90 年代开始在国外引起关注，2000 年以后得到迅速发展，出现了聚焦大型基础设施项目工程前期决策（金帅等，2013）、全流程管理（曾晖、成虎，2014）、组织模式与组织行为（李永奎等，2018）等领域的重要研究成果。其中大型基础设施项目的复杂性、冲突性和可持续性是极为重要的研究主题（Flyvbjerg，2014）。故本部分将从这三个方面梳理国内外相关文献，以便能够深刻理解大型基础设施项目管理。

（1）大型基础设施项目复杂性研究

大型基础设施项目具有投资额大、建设周期长、利益相关者角色复杂、技术难度指数高和风险不确定性高等特点，对经济增长、生态环保与社会稳定产生了重要且深远的影响（刘航，2016）。建设环境日益开放、主题多元化及技术集成要求高等造成重大工程整体复杂性愈来愈突出（曾赛星等，2018）。

国外学者关于大型基础设施项目的复杂性分析主要从复杂性的表现形式、来源、应对等方面展开。大型基础设施项目的复杂性主要表现在结构要素和动态要素以及彼此之间的相互关系，技术—组织—环境（Technical-Organizational-Environmental，TOE）是分析大型基础设施项目复杂性构成要素的重要模型（Bosch-Rekveldt 等，2011），大部分重大工程都存在成本超支、进度延误和建设效果与预期不符的问题。关于复杂性来源和应对方法，有学者认为前期决策和设计阶段决定工程后期建造和运营的复杂性,大型基础设施项目复杂性管理应尽量从前期阶段出发减少工程不确定性(Giezen,2012);还有学者认为大型基础设施项目的复杂性来源工程目标和利益的异质性、不断变化和难以预测的可能性和不确定性,提出培养组织学习氛围可以降低工程复杂性对工程的影响(Salet 等,2013)。

从 2000 年开始,由于我国建设突飞猛进,关于大型基础设施项目管理研究得到了学者们的重视。大型复杂性的研究主要关注决策复杂性、项目复杂性测度、复杂性降解等。大型基础设施项目的复杂系统使得重大工程决策具有高度复杂性,梁茹和盛昭瀚(2015)基于定性定量相结合的综合集成理论思想,构建了重大工程复杂问题的决策流程,为工程复杂决策问题提供了新的方法和理论参考。此后,麦强(2019)在决策复杂性的基础上,提出了复杂性探索、复杂性吸收、复杂性分节和复杂性承担四个基本逻辑策略的决策"复杂性降解"原理。Luo 等(2015)运用模糊网络分析法,从技术、组织、目标、环境、文化和信息复杂性构建重大工程复杂性测度体系,并以上海世博会项目为例验证了该评估体系的实用性。乐云等(2018)认为现有的大型基础设施项目组织模式、组织行为及组织效能日益受到工程整体复杂性的挑战,提出了如何在我国深化改革的背景下和"政府—市场"的二元制度环境下创新大型基础设施项目的组织模式,对大型基础设施项目复杂性的影响因素进行有效治理。特别是大型基础设施项目的组织、环境、技术复杂性导致其社会责任的复杂性,社会责任研究需要从更高的战略视角出发解决工程可持续发展与管理难题。

(2)大型基础设施项目冲突性研究

大型基础设施项目的冲突性最早是由 Flyvbjerg 等学者在 2003 年提出,他认为大型基础设施项目的规模和需求如此庞大,但是项目管理却非常糟糕,除了存在预算约束、工期限制和质量要求等常见的经济类目标冲突,还存在社会与环境类目标冲突的问题,整个大型基础设施工程的决策过程、计划过程以及建设管理过程是伴随着冲突的交互过程。大型基础设施项目过程可以用"破坏—修复模型"来形容问题的发现与解决,然而这会使项目遭受巨大的损失,如果项目前期决策阶段能够正确预防,做好前端管理,可大大减少此类事件的发生(Flyvbjerg,2014)。

大型基础设施项目的目标通常是为社会生产、经济发展以及人民生活提供基础性服务,保证和改善国家或地区经济和社会活动(王歌等,2018)。而大型基础设施项目社会责任的缺乏激化了目标之间的冲突,包括资源消耗、环境影响、环境影响与项目绩效之间的矛盾,以及不同利益相关者的诉求差异等(曾赛星等,2018)。大型基础设施项目决策、计划、建设和管理等需要多主体之间相互配合来完成,由于各个参与方利益不同,会导致政府部门资源配置矛盾、权利分配与责任承担等矛盾客观存在,例如政府作为合同签约主体与公众利益代表主体带来的冲突,作为活动参与主体与活动规则制定主体带来的冲突,作为工程建设监督主体与工程最终责任承担主体带来的冲突等(邱聿旻、程书萍,2018),因此不同主体的冲突和低效合作是导致工程社会责任缺失的一个重要因素。由于重大工程复杂性、冲突性和内在不确定性使得其工程管理需要一种严格控制和弹性管理相结合的模式,在开放灵活的管理机制下增强相关方的沟通与合作,是改变由社会责任缺失引发危机事件的重要手段(王爱民,2014)。

(3)大型基础设施项目可持续性研究

可持续发展是全人类都关注的热点问题。可持续发展是指组织追求责任担当的总体社会性目标,大型基础设施项目社会责任管理目标也是致力于可持续发展,即追求和实现全人类的经济、社会与环境协调发展(ISO,2006)。现有国内外研究大部分集中在大型基础设施项目经济方面的可持续性,包括项目经济融合及其对行业促进的影响(邵秋池,2014;吴绍艳、刘晓峰,2011)。然而在全球化视角下,必须考虑新技术融合和全生命周期等对项目经济、社会和环境的综合影响(Korytárová 和 Hromádka，2014；Zeng 等，2015)。Liu 等（2013）通过分析三峡大坝的案例，将大型基础设施项目的可持续性分为环境可持续性、社会可持续性和经济可持续性，并提出了多项实现大型基础设施项目可持续发展的措施，如从项目初期考虑大型基础设施项目可持续性问题、保证资源的可持续性投入、发挥非政府组织的作用等。Liu 等（2016）指出大型基础设施项目可持续性管理需要降低工程可能引发的难以预测的社会风险，并提出了社会风险管理模型以解决重大工程社会风险问题。甘晓龙（2014）认为目前项目可持续建设内容主要包括全生命周期、以人为核心以及经济、环境和社会三方面的协调和统一，并从经济、环境、社会和技术四个维度总结出项目可持续建设的表现内容，构建了基于利益相关者理论的项目可持续建设方案的决策模型，为推动可持续建设在项目中的实施提供了参考。面对大型基础设施项目可持续发展困境，承担社会责任和创新技术应用正在逐渐成为重要的改善途径（He 等，2019）。大型基础设施项目社会责任有益于可持续发展，Ma 等（2019）通过实证分析验证了这一结论，致力于承担经济与质量维度的社会责任有利于增强行业的经济可持续性、资源分配和技术创新，致力于政治和公共维度的社会责任有助于帮助企业获得政治和社会支持。

2. 大型基础设施项目社会责任研究

（1）大型基础设施项目社会责任指标体系的建立。基于环境影响角度，构建海上运输系统指标体系，开发了一套复杂环境中的决策工具，帮助决策者提高决策分析能力，实现了改善环境可持续性的目标（Pérez Lespier 等，2019）。可持续性评价指标体系的建立推动了更多学者从社会责任角度研究项目评价体系。刘航（2016）围绕重大工程项目不同层面利益相关者展开，建立了包含经济、法律、理论与道德多方面的指标体系，具有概括性、系统性和动态性。Zeng 等（2017）基于项目全生命周期角度，首次提出重大工程社会责任三维模型，从全生命周期的演化、众多利益相关者的协同及多层次社会责任的三维交互的视角，提供了重大工程社会责任复杂性的降解及可持续发展路径的解析。

（2）大型基础设施项目社会责任评价方法的选择。刘航（2016）在评价重大工程社会责任时，建立了以支持向量机（SVM）为技术手段的重大工程社会责任评价模型，搭载 Matlab R2016a 平台嵌入 libsvm 工具箱进行数据处理、指标评价和评价结果输出，并对地铁项目进行社会责任评价操作，完整地展示了模型的实用性和评价结果的可信度，但是数据收集与模型操作方面还存在不足。此外，层次分析法（AHP）是此类研究中最为常用也最为简便的一种方法，可以将较复杂的多目标决策问题系统化，评价过程简单且无须过多定量数据支持，但同时也存在不足，不适用处理指标较多的项目。曾赛星等（2018）运用层次分析法测度重大工程社会责任指标，合理分配各指标权重，反映了当前社会对重大工程各参与方履行社会责任的诉求，对合理引导或驱动重大工程全生命周期不同阶段的众多利益相关者积极协同地履行社会责任具有理论价值和指导意义。

（五）相关研究述评

通过对现有文献中大型基础设施项目社会责任方面的研究进行回顾与总结，主要研究评述如下：

第一，社会责任多元动机研究是破解重大工程社会责任"困局"和实现可持续发展目标的"关键工序"。社会责任已经成为重大工程研究的重要领域，当前，在社会责任内涵界定、特征提取、评价体系、治理结构、影响因素、前因与效果等方面取得了有意义的研究成果，其中，关于动机的研究及其对社会责任治理的重要作用已得到实践界和学者们的重视，但仅个别学者探讨了利益相关者的多元动机及其重要性，尚鲜有专门关于社会责任动机成分、演化方向、合理演化区间及其动态演化规律的深入研究。针对上述研究现状，Zhou 和 Mi（2017）建议采用计算实验以及基于社会网络的多主体仿真模拟重大工程不同利益相关者之间社会责任的关键问题，推进相关研究成果的量化与实证检验。这为本项目的选题背景和研究方法提供了重要依据。

第二，重大工程社会责任动机具有动态复杂性特征，需要从全新视角进行研究。当前，社会责任动机研究取得了有意义的探索结果，正在从多元动机成分、动机的组织行为学与心理学基础等多个角度寻求理论创新和突破，为本项目借鉴组织行为学关于利他动机等理论观点提供了基础和指引。但在不同情景下，社会责任的动机是不同的（Matten、Moon，2008）。重大工程具有突出的政府—市场二元制度情境特征，其社会责任具有交互性、利益相关者异质性和生命周期动态性的独特性特征，导致其动机呈现出动态性和复杂性。因此，本项目还需要结合重大工程情境特征，从全新视角对其社会责任动机展开探索性研究。

第三，利他行为动机与制度理论研究成果可以为重大工程社会责任动机研究提供理论依据。根据利他行为动机和重大工程社会责任的定义，重大工程参建方承担社会责任满足利他行为的属性。利他行为的动机成分（基于利己的利他与完全利他成分并存）、演化方向、动态演化效应、外部环境对动机演化方向和合理演化区间的重要影响等观点是本项目的核心理论出发点，为本项目进行重大工程社会责任多元动机成分辨识、演化方向、演化区间、演化效应研究模型构建提供了重要理论基础。制度理论与利他行为动机的交叉成果则为本项目提取政府—市场二元制度情境要素，开展动机演化过程和演化效应研究提供重要补充。

第四，现有文献偏重于对单一利益相关者的社会责任研究，如单独研究建筑企业，或偏重于对某一类社会责任的研究，如环境责任、绿色建造、工程腐败等。这些研究在现有丰富和系统化的企业社会责任理论的基础进行展开，初步形成了大型基础设施项目社会责任理论基础。然而大型基础设施项目需要多个主体在工程全生命周期内共同协作完成，需要同时考虑社会责任的方方面面，任何一方的社会责任缺失都可能给项目带来负面效果，严重时甚至威胁社会和谐稳定。因此，大型基础设施项目社会责任的研究需要综合考虑各方应当承担的社会责任，才能保证项目发挥最大效益。

第五，现有大型基础设施项目社会责任的研究仍停留在概念阶段，缺乏相关案例的分析与实证。虽然已有少数学者从项目层面出发，构建了大型基础设施项目社会责任评价指标体系，为本研究提供了重要的研究基础，但是相关指标的针对性不强，只是初步给出大型基础设施项目各个指标的权重，缺少案例实证分析方法。因此，应该单独建立一套针对大型基础设施项目的社会责任评价体系，并通过案例运用证实评价体系的可操作性。

第六，现有大型基础设施项目评价体系对社会责任的关注比较模糊。工程管理研究已经从关注工程建设能力转向其综合效应，研究问题也从传统的工期、成本、质量控制拓展转向关注其经济、社会、环境的可持续发展。但是在项目评价阶段，有关社会责任的评价都过于简单，往往是一概而过，从社会角度出发的社会责任评价往往只关注宏观层面的结果，而忽略了微观层面的东西，过度强调国家愿景和战略目标，但是却很难在微观层面将其转化为各参与方的实际行动，碎片化的社会责任指标缺少以某种方法整合，缺少评价系统性的深入研究，较少考虑基于社会责任视角的项目决策评价体系。

第二章　重大工程社会责任多元动机成分识别

重大工程项目投资额巨大、建设周期长、涉及利益相关者众多，为社会生产、经济发展和人民生活提供基本的公共服务（Flyvbjerg，2017）。因此重大工程必须考虑其在整个生命周期内产生的政治、经济、环境、法律、道德等多方面的社会影响。重大工程社会责任是重大工程利益相关者在项目全生命周期中为增进人类福祉，通过其决策和活动而承担的责任（Zeng 等，2015）。积极履行社会责任可以实现节约项目成本，减少工程腐败、职业健康与安全问题，提高项目可持续性等多方面的效果（Zhou 等，2017）。因此，重大工程社会责任受到越来越多的关注，逐渐成为工程管理领域新的研究热点。目前，政府和公众的诉求构成了重大工程社会责任的主要要求（Lin 等，2019）。这些要求包括对资源效率、环境保护（Shen 等，2007）、项目可持续性、职业健康和安全、与当地社区的关系（Petrovic，2008）、道德行为（Oladinrin 等，2014）等方面的考虑。由于重大工程项目中的社会责任问题主要是超出单个组织能力范围的"大问题"，因此需要多个利益相关者共享资源、协同配合（Yang 等，2020）。重大工程的参与主体具有多元、自组织和利益冲突普遍存在等特征（盛昭瀚，2009），不同参与主体之间的复杂关系和交互作用构成了重大工程的实施主体网络，各参与方通过复杂的网络关系影响着各方价值诉求的实现，彼此间的互动可以通过多种方式提高实施主体对社会责任的认知和实践（Ma 等，2019）。另外，各参与主体履行社会责任时有着不同的需求和期望（Erkul 等，2019），对各方价值诉求的满足是激发社会责任实施主体对相关社会和环境问题做出响应的内在驱动力（Lin 等，2019；Yang 等，2020）。这导致复杂的网络关系和差异化的多方价值诉求成为影响社会责任履行的重要因素。因此，厘清重大工程社会责任实施主体间的网络关系，辨识各实施主体的价值诉求并分析网络关系与价值诉求的交互影响是研究重大工程社会责任的理论基础，亦是制定重大工程社会责任治理策略的前提。

第一节　重大工程社会责任的实施主体

重大工程社会责任的实施主体是在重大工程中承担并履行社会责任的利益相关者。如表 2.1 所示，已有很多学者对此展开了研究。Erkul 等人使用"滚雪球"方法辨识了重大工程相关的六个主要利益相关者团体，具体是指政府、私营部门、项目管理团队、政府部门、咨询单位、非政府组织和公众（Erkul 等，2019）。Lin 等对包含利益相关者互动的文本摘录进行语义分析，识别出与重大工程社会责任相关的主体有社区和公众、非政府组织、政府、终端用户、开发商和投资者、主要承包商、顾问以及分包商、供应商和员工（Lin 等，2019）。Zeng 等认为在重大工程中履行社会责任的组织包括直接参与者，即政府、承包商、设备材料供应商、设计单位和其他利益相关方，即公共社区和非政府组织（Zeng 等，2015）。此外，Ma 等提出大型社会责任治理的双中心是政府和企业，同时还有一些社会责任问题分散在公民、地方政府、承包商、非政府组织和媒体的关系之中（Ma 等，2017）。由于利益相关者之间的依赖性，拥有较强能力的利益相关者可以影响其他利益相关者的行为，从而影响工程建设（Liu 等，2015）。因此，社会责任主体应为有能力承担社会责任的利益相关者，Lin 等分析得出了利益相关者之间的社会责任层级分配情况（Lin 等，

表2.1 现有重大工程社会责任相关主体的文献研究

相关文献	政府	承包商	开发商	设备材料供应商	分包商	建设单位	设计单位	咨询单位	监理单位	运营单位	私营部门	企业	非政府组织	公众	员工	媒体	项目管理团队	实施主体数量
Zeng等,2015	✓	✓		✓			✓						✓	✓				6
Ma等,2017	✓	✓										✓	✓	✓		✓		6
Lin等,2017	✓	✓	✓					✓					✓	✓				6
谢琳等,2018	✓	✓		✓		✓	✓		✓	✓								7
Erkul等,2019	✓	✓		✓				✓			✓		✓					6
Lin等,2019	✓	✓	✓		✓			✓					✓	✓	✓		✓	9
Yang等,2020	✓						✓							✓				3
文献合计	7	6	2	3	1	1	3	3	1	1	1	1	5	5	1	1	1	

资料来源：笔者根据文献整理。

2017）。其中，承担社会责任的第一层为政府、开发商、主要承包商三个核心利益相关者，第二层为区议会即代表当地社区，第三、四、五层分别为咨询顾问、非政府组织和公众（Lin等，2017）。谢琳琳等通过综合分析，认为重大工程社会责任的行为主体应包括政府（与建设单位签订重大工程建设委托合同的政府方，不包括对项目进行监督管理的政府相关部门）、建设单位（项目管理层）、勘察设计单位（包括工程咨询、招投标代理公司）、承包商（包括总承包商以及各个负责专业施工的分包商，项目实施层）、监理单位、材料设备供应商和运营单位（谢琳琳等，2018）。Yang等提出重大工程实施阶段的社会责任实施主体有业主、设计承包商和施工承包商（Yang等，2020）。

本研究综合以往研究并考虑我国重大工程的特点，得出重大工程社会责任的实施主体为政府和参建单位（见图2.1），他们是实施社会责任的核心。公众和非政府组织在重大工程的决策和监督方面也承担着十分重要的社会责任，但在社会责任实施方面比较被动。承担重大工程社会责任的政府包括发起重大工程建设项目的政府部门（如交通运输部、水利部、地方政府）以及对项目进行监管的政府相关部门（如环境保护局、工程质量安全监督站）。参建单位包括参与重大工程项目的建设单位、勘察设计单位、承包商、监理单位、材料设备供应商、运营单位等。

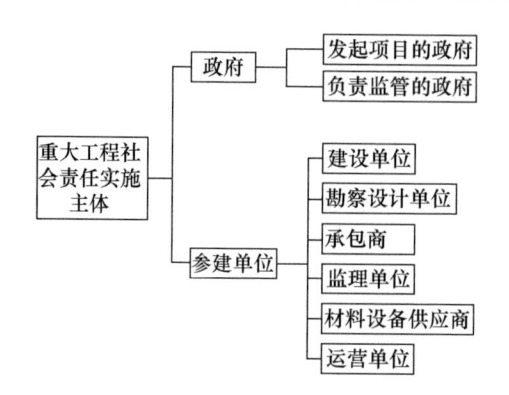

图2.1　重大工程社会责任实施主体

资料来源：作者自行整理。

第二节 重大工程社会责任实施主体的网络关系

（一）重大工程社会责任实施主体网络关系的界定

重大工程社会责任实施主体并非独立存在，各种直接或间接关系将实施主体联结成复杂的关系网络。网络是组织间形成的长期关系，网络的联结是有目的的结合，网络关系包含了组织间所有的互动关系（Kamann，1991）。重大工程社会责任实施主体的网络关系是实施主体间基于合同、指令、分工合作、利益影响、相互信任等建立起来的正式与非正式的往来关系。实施主体之间的网络关系体现实施主体价值诉求之间的因果关系和交互作用（Mok，2017），从而反映实施主体在承担社会责任中的协同、制约和冲突（Ma 等，2017）。

（二）重大工程社会责任实施主体间网络关系

本研究梳理了实施主体之间具有代表性的网络关系，包括合同关系、指令关系、信息关系、监督关系、信任关系、协作关系、惯例关系。其中指令关系和监督关系为单向关系，其余为双向关系。

合同关系表现为一方通过合同协议控制对方行为的能力和形式（Pryke，2005）。政府与参建单位、相关参建单位之间存在合同关系。政府本身不具备专业技术能力，通常以合同关系为纽带委托相关部门或专业机构代表其完成相关工作（张劲文等，2014）。在 PPP 项目中政府与建设单位签订特许经营协议、土地转让协议等，建立双方在重大工程建设、经营和移交中的合同关系（Xu 等，2014）。相关参建单位之间也建立合同关系，签订施工合同、原料供应合同、运营合同、承购合同等（张水波等，2011），明确各方权利、义务，从而保证重大工程顺利进行。

指令关系是实施主体间上传下达、上行下效的制约性关系（乐云等，2010），政府与参建单位、建设单位与相关参建单位之间存在指令关系。政府有义务设定有关社会和环境问题的底线（Lin 等，2019），通过计划、政策、法规等对重大工程中参建单位的行为进行自上而下地约束、引导，强制参建单位执行可持续的、对社会负责的项目活动，从而提升重大工程社会责任的履行进程（刘哲铭等，2018）。另外，政府机构会授予国有企业的高层管理人员政治任命，以行政指令的方式委托相关部门代表其完成调研、论证等决策（决策支持）工作（张劲文等，2014），协助政府完成重大工程项目中的政治任务（Flyvbjerg，2014）。建设单位有权向相关参建单位发出指令，例如安全行为整改、违规处罚、工程变更等（Lin，2015）。

信息关系表现为双方的信息沟通与协调，主要包括建立信息沟通制度、选择合适的沟通方式和工具（Zhang 等，2012）。政府与参建单位之间以及参建单位内部均存在信息关系。政府与参建单位之间以及参建单位内部应建立有效的沟通交流机制，其中会议和书面形式是主要信息交流方式，信息不完整以及各方之间缺乏沟通通常会导致社会责任实施效果不佳（Lin 等，2014）。当实施主体之间进行频繁的信息交流与互动时，与履行社会责任相关的技术、经验和其他资源（如绿色材料和设计、环保施工方法）可以被充分交换、吸收并应用于重大工程建设（Zhao 等，2012）。

监督关系表现为具有监督权的主体对另一方行为活动的监督（叶晓甦等，2016），政府对参建单位以及相关参建单位内部存在监督关系。尽管大多数政府资助的重大工程项目旨在惠及当地居民，但有些参建单位的活动仍会带来环境污染、生态破坏等潜在的负面影响（Wang 等，2019）。政府对参建单位的监督机制主要以法律为基础，通过政府纪检部门、监察部门等来实现。另外发起方政府会基于政治需要定期视察项目。同时，为防止监督部门权力寻租，并使他们接受公众监督，政府除按规定比例引入非政府专业组织的参与，还要求监督部门向社会定期披露监管信息（易欣，2016）。在参建单位内部，建设单位监督勘察设计单位、承包商等在重大工程建设中的行为，同时监理单位履行职责对承包商进行监督。

除以上正式关系外，非正式关系在社会责任实施主体的关系网络中也至关重要，实施主体参与非正式关系会影响项目成功和各方价值诉求的实现（Amir 等，2020）。本研究梳理实施主体间具有代表性的三个非正式关系：信任关系、协作关系和惯例关系。信任关系是基于愿意依赖合作方的倾向和态度建立起来的非正式关系（Meng，2012）。发起方政府与参建单位以及参建单位内部存在信任关系。政府与参建单位以及参建单位内部的信任关系与合作双方的整体利益有密切联系，是合作中至关重要的基础（Wang 等，2019），可帮助实现多元参与主体共赢的目标，增加各方共同应对风险的意愿（Maurer，2010）。协作关系是由各方期望联合行动、持续改进的意愿推动产生的灵活的、非正式的合作关系（Faisol 等，2005）。政府与参建单位及参建单位内部的协作关系是在双方共同绩效目标指引下形成的更深层次的合作。与正式合同关系不同的是，存在协作关系的参建各方为实现目标会像团队一样联合起来，并且强调无责备文化（严玲等，2014）。惯例关系是各方受到文化情景、行业惯例、官本位思想、行政因素等影响建立的关系，促进重大工程各参与方之间的融合关系，发挥协调作用或形成解决某些特定问题的模式（严敏等，2015）。政府与参建单位以及参建单位内部存在惯例关系。惯例关系往往先于合同关系发挥作用（谈毅等，2008），例如会影响政府对参建企业的选择。另外，当参建方对合同存有争议或遇到风险问题，惯例关系会以各方都易接受的方式均衡权责利的划分、解决问题，弥补正式契约的不完备性和适应性不足的问题（谈毅等，2008）。这种长期互动形成的关系可以缓解各方行为的不确定性，在一定程度上减少协调成本（Burkert 等，2012）。

基于以上研究，本研究得出重大工程社会责任实施主体的网络关系，如图2.2所示。

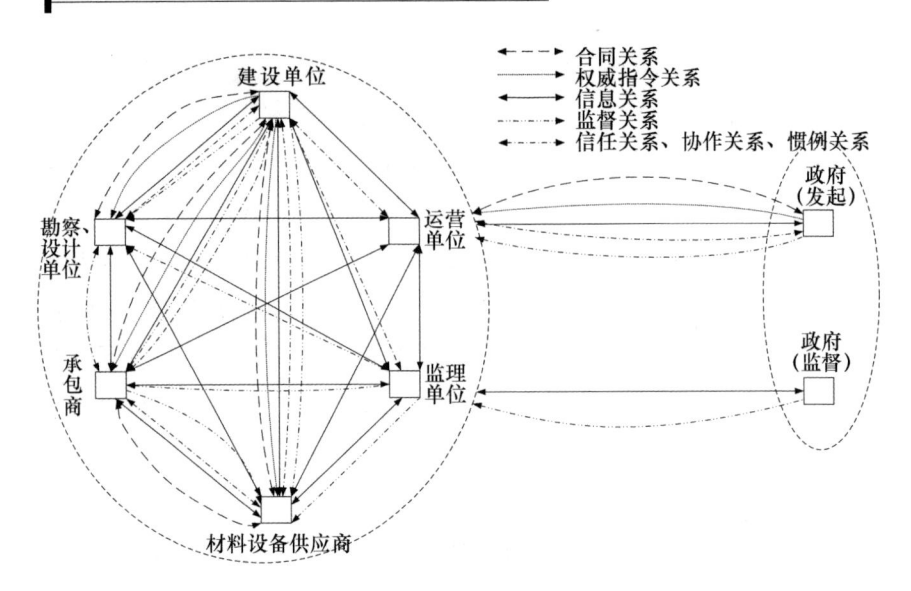

图2.2　重大工程社会责任实施主体的网络关系

资料来源：作者整理绘制。

第三节　重大工程社会责任实施主体的价值诉求

（一）价值诉求的界定

重大工程社会责任实施主体均是项目的利益相关者，实施主体的价值诉求即他们对参与的重大工程提出的要求（Ol 和 Er 等，2005）。在重大工程项目中，价值不是绝对的而是相对的（Laursen 等，2016）。不同实施主体所拥有的资源不同且对价值有着不同的感知（Derakhshan 等，2019），对项目目标的不同期望和价值观决定了他们有不同的价值诉求（Atkin 等，2008）。在项目情景下，价值不只是经济性的，也可以是战略性与非经济性的（谢琳琳等，2018），重大工程具有一定的公共物品属性，其外部性决定了实施主体的社会责任行为在创造社会价值的同时，还会为其自身带来政治利益、社会认同、商业机会、核心竞争力等多方面的价值提升，这也是社会责任实施主体的重要价值诉求（Scherer，2017；Flyvbjerg，2017）。例如可持续性、健康与安全、社会影响、知识与能力的提升以及长期商业收益等（朱方伟等，2019）。Yang 等将重大工程实施主体履行社会责任的主要价值诉求分为企业发展诉求、政治诉求和社会价值诉求（Yang 等，2020）。实施主体的价值诉求可以反映其承担社会责任的内部动机。在重大工程中，财务绩效等短期经济效益改善显然不是社会责任实施主体履行社会责任的主要动力（Mok 等，2017），实现社会价值、政治诉求、商业利益等多元价值诉求应当是众多社会责任实施主体承担社会责任的主要动机成分。

（二）实施主体的价值诉求及特征

政府通常是重大工程的主要投资者，对重大工程有着明确的政治诉求。政府的政治诉求有发挥项目对政治稳定的积极作用（高喜珍等，2012），尽可能节省项目投资（Zhai 等，2009），将工程建设视为本地标志，表现城市身份和国际声誉（Li 等，2013）。另外，政府关注重大工程社会功能的实现，保证其社会价值的实现并获得社会认同。政府的社会价值诉求有实现项目价值，通过重大工程项目提供公共产品和服务（Zhai 等，2009），确保对环境的保护（Gloria 等，2012）和对资源的有效开发利用（高喜珍等，2012），带动社会发展、经济发展（如为当地就业创造机会）（Vuorinen 等，2019），创造舒适的生活环境，被多元化的社会群体所接受（Li 等，2013），提高工程安全性从而减少负面新闻带来的进度拖延和责任成本（Charles 等，2008）保护当地文化和历史遗产（Li 等，2013）等。

市场经济体制决定了参建单位在承担社会责任的同时有一定的企业发展诉求（Frynas，2015）。重大工程参建单位的企业发展诉求有完成项目绩效目标，即节省成本、完成进度计划、保证工程质量等，通过参与重大工程项目提升企业技术水平和管理能力，提升企业竞争力，培养人才（Zhai 等，2009），增加收入（Vuorinen 等，2019），培养良好的企业文化（Zhai 等，2009）。许多项目经理在半官方机构中也担任某些职位,增加参建单位与政府的联系(Liu 等,2010),进而提高他们的政治诉求。参与重大工程项目也为企业提供了更好的机会来实现其政治目标(Li 等,2011)。参建单位的政治诉求有改善客户关系管理,与政府或其他企业建立长期战略合作伙伴关系(Zhai 等,2009)并获得政治宣传、政府支持(Yang 等,2020)。另外,参与重大工程的参建单位普遍存在促进社会福利改善的价值取向(Fu 等,2010),他们认为有义务为社会的更大利益做出贡献,从而产生了社会价值诉求。参建单位的社会价值诉求有保护环境、促进可持续发展(Zhai 等,2009)、增强社会效益、获得社会认同(Yang 等,2020)。

基于以上分析,总结各重大工程社会责任实施主体的价值诉求及分类如表2.2所示。

表2.2　　重大工程社会责任实施主体的价值诉求及分类

实施主体	价值诉求分类	价值诉求	文献来源
政府	政治诉求	实现政治稳定	高喜珍等,2012
		节省项目投资	Zhai 等,2009
		成为本地标志	Li 等,2013
		表现城市身份和国际声誉	Zhai 等,2009
	社会价值诉求	实现项目价值	Gloria 等,2012
		环境保护	高喜珍等,2012
		区域资源有效开发利用	Vuorinen 等,2019
		带动社会发展	Li 等,2013
		带动经济发展,如为当地创造就业机会	Charles 等,2008
		创造舒适的生活环境	Li 等,2013
		被多元化的社会群体接受	
		提高工程安全性,减少负面新闻过度拖延和责任成本	
		保护当地文化和历史遗产	
		表现城市身份和国际声誉	

续表

实施主体	价值诉求分类	价值诉求	文献来源
参建单位	企业发展诉求	完成项目绩效目标	Zhai 等，2009
		提升技术水平和管理能力	
		提升企业竞争力	
		培养良好的企业文化	
		培养人才	
		增加收入	Vuorinen 等，2019
	政治诉求	改善客户关系管理	Zhai 等，2009
		建立长期战略合作伙伴关系	
		获得政府支持	Yang 等，2020
		获得政治宣传	
	社会价值诉求	保护环境	Zhai 等，2009
		促进可持续发展	
		增强社会效益	Yang 等，2020
		获得社会认同	

资料来源：笔者整理绘制。

综合以上研究，我们得出重大工程社会责任实施主体的价值诉求的主要特征有多元性、长期性、动态性和非经济性。①多元性。不同实施主体对于重大工程项目价值有着不同层面的感知，其价值诉求在主观上是不同的（Chih 和 Zwikael，2015）。重大工程的公共物品属性使参建单位产生商业机会、政治利益、社会认同等多方面的价值诉求（Scherer，2017）。政府在有明确政治诉求的同时也必须考虑其社会影响，产生社会价值诉求。由此可见，实施主体的价值诉求呈现多元性特征，多元价值诉求间会表现出复杂的协同或冲突关系。②长期性。与一般工程相比，重大工程具有生命周期长，对社会生产、国家经济发展和公众生活影响深远等特点（Flyvbjerg，2017）。基于长远发展的视角，实施主体会建立非物质性的长期价值诉求（Yang 等，2020）。例如带动社会、经济发展，增强社会效益，促进可持续发展等。实施主体价值诉求的长期性有利于实现多方共赢的局面，是激发实施主体积极履行社会责任的内部动力（Yang 等，2020）。③动态性。在重大工程全生命周期中，随着工程阶段、环境的变化以及各实施主体相对权力的动态性调整（Ol 和 Er 等，2005），各方价值诉求呈现出动态性特征。主要表现为在项目的不同阶段，各实施主体可能产生新的价值诉求，而新的价值诉求又可能与现有价值诉求相悖；同时，实施主体间的价值诉求也会相互影响并发生改变（朱方伟等，2019）。④非经济性。在重大工程项目背景下，价值诉求可以是战略性的和非经济性的（谢琳琳等，2018），例如政府要将实现重大工程的公共价值和服务的诉求放在重要位置，参建单位也会产生保护环境、促进可持续发展等一系列社会价值诉求。非经济性的价值诉求是实施主体积极履行社会责任的重要动机（Yang 等，2020）。

（三）实施主体网络关系与价值诉求的交互分析

社会责任实施主体价值诉求的多样性以及它们之间复杂的网络关系是导致重大工程项目复杂性的重要因素（Mok，2017）。实施主体的网络关系与价值诉求相互作用，产生了各实施主体间的协同、冲突等（Mok，2017）。首先，网络关系影响各实施主体价值诉求的产生，使价值诉求具有多元性的特征；其次，网络关系是价值诉求实现的重要保障，有助于促进各方共同获益并解决价值诉求冲突；另外，各方价值诉求的表达和实现也反过来影响网络关系，对网络关系产生积极或消极作用。

（1）实施主体的网络关系影响价值诉求的产生。政府对参建单位的监督责任要求政府关注重大工程的社会影响并维护公众利益（Erkul 等，2019），因此政府除政治诉求外有很多社会价值诉求，涉及各种社会福利问题，例如保护环境、增加就业机会、创造舒适的生活环境等。与政府的紧密关系也使参建单位产生了特殊的价值诉求。与政府的协作关系、惯例关系等会使参建单位产生政治诉求，参建企业期望通过参与重大工程建设获得政府支持、提高政治参与度（Yang 等，2020）。政府的约束会提高参建单位履行社会责任的意识（Ma 等，2017），使参建单位产生社会价值诉求，对自身活动给社会带来的影响承担责任（Jia 等，2011）。尤其是国有性质的参建单位，他们在一定程度上将大型基础设施项目的成功交付视为代替政府实现社会价值诉求的社会责任（Yang 等，2020）。

（2）实施主体的网络关系是实现价值诉求的重要保障。政府与参建单位的价值诉求捆绑在一起，双方之间良好的网络关系将促进双方的共同获益，共同争取价值总和的最大化。例如合理的合同契约、稳固的信任及协作关系等。另外，双方在价值诉求的实现上可能产生冲突，例如承包商在建设阶段追求企业发展诉求最大化与政府节省项目投资的政治诉求相冲突；参建单位压缩成本进而对环境产生破坏的行为与政府保护环境的社会价值诉求相冲突。两者之间的监督关系、合同关系和指令关系决定了政府有权利采取措施来解决价值冲突，例如提出工程变更，通过制定和实施政策来惩罚企业对环境的负面影响等（Albareda 等，2007）。

（3）价值诉求的表达和实现过程影响实施主体的网络关系。一方面，实施主体在共同愿景的驱动下共同实现价值诉求的过程会巩固网络关系。参建单位在实现政治诉求、社会价值诉求中做出的努力会巩固其与政府的积极关系。另一方面，双方在实现有冲突的价值诉求的过程中可能对合同关系、信息关系等产生消极影响，并破坏双方的信任关系、协作关系等。例如参建单位为了实现企业价值诉求而做出的行为可能违背政府的社会价值诉求，破坏参建单位与政府之间有效的信息沟通。

第四节　重大工程社会责任多元动机模型

社会责任行为追求的未来某种隐性的、潜在的价值是间接的，具有不确定性（Organ，1997）。团队利他行为理论认为，团队层次的利他动机包括基于利己的利他和完全利他的双重动机。其中，基于利己的利他动机是指追求能够对自身企业发展或团队带来长期价值的行为动机，这种动机降低了行为主体的短期效用（Li 等，2014），是一种互惠性的长期效用动机；完全利他动机是指团队努力做出完全利他行为的意愿（Grant，2008；Hu、Liden，2014）。因此，评断参建方利他动机的一个关键标准就是这种降低行为主体短期利益的程度（Li 等，2014）。

在重大工程中，参建方代表他们背后的企业采取行动（Smith 等，1995；Turner、Müller，2003），这些企业在某些领域已经取得巨大的成功（Liu 等，2010），并不仅仅计算自我利益和短期经济收益，行为动机有显著的社会性和长期性（De Dreu，2006；Grant，2013）。这类参建企业普遍存在追求对社会和大众带来收益的、完全利他的亲社会动机（Li、Liang，2014），通过实施 MSR 对重大项目成功做出贡献是实现亲社会动机的重要手段（Chi 等，2011）。因此，重大工程参建方普遍存在追求社会福利改善的社会价值动机（Social Value，SV）（Li 等，2014；Li、Liang，2014）。

基于利己的利他动机主要指参建方为了自身的长远发展利益而放弃自己的短期利益、提高其他参建方或项目利益的动机（Li 等，2014；Li、Liang，2014），如追求企业长远发展利益的企业发展动机（Firm Development，FD）。这类动机的主要特性在于"短期利他，长期利己"，具有突出的互惠性特征（Reciprocity），为提高相关概念的直观性，本研究将其称为互惠动机（Reciprocity Motivation）。

通过参与具有政府关联的重大工程项目建设是企业保持和加强政府关联、实现政治诉求的重要渠道（Li 等，2011），因此，重大工程参建方还存在政治诉求（Political Appeal，PA）的动机，即参建方为了获取政府资源、建立政府关系甚至得到政治升迁的动机。这种动机亦有"短期利他、长期利己"的属性，亦属于互惠动机。因此，有别于对自身短期经济利益的追求，重大工程参建方履行社会责任的动机有包含企业发展和政治诉求的互惠动机与社会价值动机，均包含利他成分，由此构建重大工程社会责任的多元动机模型，如图2.3所示。

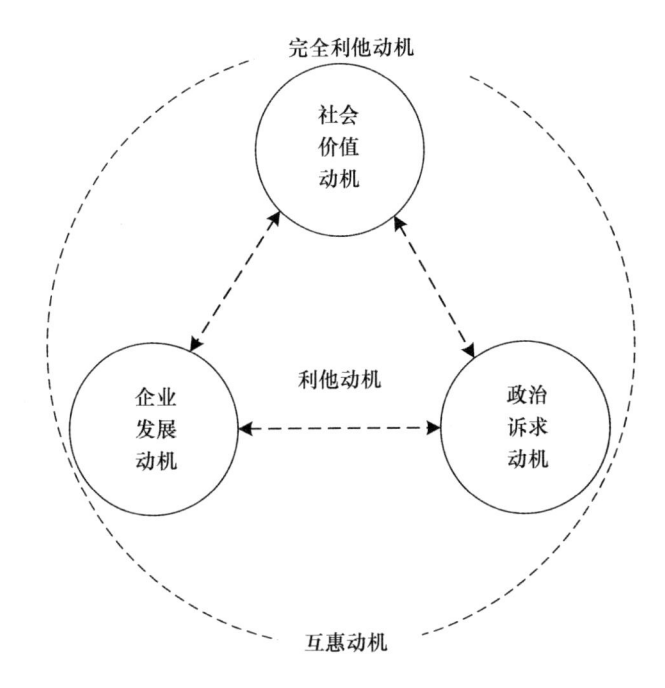

图 2.3　重大工程社会责任的多元动机模型

资料来源：笔者自行绘制。

第五节　结论与建议

本研究聚焦于重大工程社会责任实施主体的网络关系及价值诉求，在已有文献的基础上识别出社会责任实施主体，归纳实施主体间的关系类别，结合重大工程特征厘清实施主体的网络关系。然后基于文献研究辨识实施主体的价值诉求并总结其特征。最后将社会责任实施主体的网络关系与价值诉求联系起来，分析了网络关系与其价值诉求的交互影响。主要结论包括：

（1）重大工程社会责任的实施主体是在重大工程中主动承担并履行社会责任的利益相关方。重大工程社会责任实施主体是政府和参建单位。

（2）重大工程社会责任实施主体之间的具有代表性的网络关系包括合同关系、指令关系、信息关系、监督关系、信任关系、协作关系、惯例关系。它们共同形成了实施主体之间复杂的关系网络。

（3）重大工程社会责任实施主体的价值诉求是参与方对重大工程的期望，也是实施主体履行社会责任的内部动机。本研究将价值诉求分为政治诉求、社会价值诉求和企业发展诉求，辨识了政府和参建单位的价值诉求，并总结出其主要特征有多元性、长期性、动态性和非经济性。

（4）实施主体的网络关系与价值诉求间有密切的交互影响。主要表现在实施主体的网络关系影响价值诉求的产生，并且是实现价值诉求的重要保障。另外，价值诉求的表达和实现过程会不同程度地对网络关系产生影响。

（5）重大工程关键参建方履行社会责任的主要动机具有多元化特征，包括社会价值动机和互惠动机两种成分，其中互惠动机包括政治诉求和商业价值两种类别。这两种动机成分之间是互通的，在达到某些条件时，两种动机之间会出现相互转换，且引发这种转换的环境因素可能会掩盖这种转化。

本研究梳理了重大工程社会责任实施主体网络关系并辨识其价值诉求，分析了两者间的交互影响，为分析实施主体履行社会责任的内部动机异质奠定了理论基础。未来可结合网络关系重点分析多方价值诉求中存在的协同和冲突，从而揭示重大工程社会责任履行的动机异质，并分析履行社会责任动机的演化机制。

第三章 重大工程社会责任的规制体系及其传递路径

第一节 引言

重大工程社会责任的一个突出特点在于要求关注项目建设辐射范围内所有的利益相关者,在保证工程质量和消费者权益的基础上,更要关注项目建设对生态环境、居民生活以及社会发展可能产生的不可逆影响,将工程可能带来的负面效应降到最小化水平(韩婷,2019)。对目前国内外学者针对重大工程社会责任的相关研究进行梳理总结,重点借鉴曾赛星教授的相关理论大致将重大工程社会责任内容划分为四个维度:①经济与质量责任:促进国家或地区经济发展,带动相关产业发展,增加就业机会,提供对社会有价值的设施和服务(谢琳琳等,2019)。②法律与规范责任:遵循国家相关法律规定,遵守行业准则(Zeng等,2015)。③环境与伦理责任:保护生态环境,维持生态多样性,维护各利益相关者权益(Lichtenstein S等,2013)。④政治与公益责任:维护社会稳定,提供社区慈善服务,防范工程腐败(Le等,2014;Strauch等,2015)。

重大工程对国家宏观发展有重要影响并具有深远政治意义,其社会责任管理涉及移民拆迁、环境影响、社区稳定等多种任务,具有高度的特殊性和复杂性,因此在其建设和运营过程中政府规制发挥着重要的作用（乐云等，2018）。重大工程社会责任建设过程中的政府规制作用可以理解为通过制定法律法规等手段对重大工程利益相关方的行为自上而下地进行约束，从而提升重大工程社会责任的过程，具体包括法律制度及政府监督、行业规范条例、工程相关法律条文、规则制度等（韩婷，2019；刘哲铭等，2018）。作为一种大型社会活动，重大工程往往汇集了一个国家或地区的主要资源，其建设与运营将对项目辐射区域内的社会进程有着深刻的影响（任宏，2012）。我国重大工程组织目标具有多元性、社会性和环境敏感性，重大工程项目在建设过程中往往会对社会秩序、人民生产生活以及经济和环境的可持续发展产生一定程度的影响，因此除了保证工程质量和进度等基本要求之外，重大工程项目还必须承担环境与可持续、社会稳定性等其他方面的社会责任（乐云等，2018）。与一般项目相比，重大工程具有政治、经济、社会等多方面的复杂性，其自身存在的一些特殊属性决定了重大工程社会责任建设在受到市场机制约束的同时，还必须接受政府的管控、调配、规范（何清华等，2016）。此外，重大工程项目具有重要的战略意义以及鲜明的公共产品属性，这决定了其组织模式具有独特的政府—市场二元机制，政府规制在推动重大工程社会责任建设方面扮演着不可取代的重要角色，必须发挥引导作用（乐云等，2017；李永奎等，2018）。根据重大工程项目所属领域的不同，国家发展与改革委员会、水利部、交通运输部以及税务总局等部门对重大工程项目社会责任建设行为均具有一定的监督和管理职能。然而，各政府部门主要是针对自身管辖范围内的社会责任行为进行约束，目前尚未成立专门机构或体系针对重大工程项目社会责任进行全过程的监督和管理。同时，由于各政府层级间权责分配不同，表现出鲜明的"条块"特征，导致重大工程社会责任监管过程中政府规制作用难以得到全面发挥，重大工程项目社会责任治理的有效性面临着巨大的挑战（乐云等，2016；周振超，2009；Ma等，2017）。从实际情况来看，目前我国重大工程项目履行社会责任存在一定问题，部分重大工程项目甚至成为社会责任缺失的"高发地带"。在重大工程社会责任政府规制体系建设方面，虽然水利部、交通运输部等国家部委均承担有一定的监督管理职能，但较为碎片化，并没有设置专门的社会责任监管机构，也尚未出台专项法律针对重大工程社会责任的履行行为进行约束。单纯依靠项目各参建方的自觉性或者是社会舆论的力量，必定难以推动重大工程项目社会责任履行行为的积极性。因此，针对各部委及政府部门推动重大工程项目社会责任建设的具体作用机制进行梳理和整合、构建完善的重大工程社会责任政府规制体系，对于全面推进和协调治理重大工程项目社会责任建设具有重要的现实意义和理论意义。

目前国内关于重大工程社会责任的研究还处于初级阶段，尚未形成系统的理论体系。基于此，针对政府在重大工程社会责任建设过程中所发挥的作用以及规制要求的具体传递路径进行系统梳理，探究重大工程社会责任治理体系，对于完善重大工程社会责任监督管理机制，推动政府更好地发挥规制作用，促进重大工程社会责任的履行以及可持续发展具有重要的理论和实践意义。

第二节　重大工程社会责任政府规制理论分析

（一）政府规制推动重大工程社会责任履行的必要性

政府规制是促使重大工程社会责任进步最有效、持续、可靠的驱动力，通常在国家政府或国际组织推行相关规章制度后，区域内重大工程社会责任的履行会得到显著改善（刘哲铭等，2108）。结合我国实际而言，从政府规制的角度来推动重大工程社会责任建设的必要性主要表现在两个方面：

1. 重大工程社会责任履行自觉性不足

从实际情况来看，目前我国重大工程社会责任履行缺乏自觉性，单纯依靠参建企业自我规制的自觉性难以推动社会责任的切实履行

（樊慧玲，2013）。企业是否承担以及如何承担社会责任取决于履责后可以给企业带来的实际利益，而不是出于自愿（郭岚，2015）。我国重大工程社会责任建设涉及多个部门，但是目前我国尚未出台专项法律针对重大工程社会责任的履行行为进行约束，也没有成立专门的社会责任监管机构，单纯依靠重大工程项目自身的自觉性或者是社会舆论的力量去推动其社会责任的建设具有很大的局限性，必然会导致一些不自觉履责甚至失责现象的产生（王慧，2009；乐云等，2018）。因此，政府有必要从规制的角度出发，采取一些强制性的手段引起重大工程行为主体对社会责任的重视，提高其社会责任意识，从而推动重大工程社会责任建设（韩婷，2019）。

2. 政府代理行使公民公共权力

重大工程是对国家政治、经济以及社会发展等具有重要影响的大型公共工程，其作用是为社会生产和居民生活提供基础性公共服务（Flyvbjerg，2014）。而公民作为公共权力的拥有者并不能直接行使公共权力，政府作为公民权利的委托代理者，必须履行相应的职责，对重大工程社会责任履行情况进行监督和管理（金仁仙，2019；段世霞，2012）。对于重大工程项目在建设运营过程中出现的诸如破坏生态环境、影响地区经济发展等有悖于社会责任建设的行为，政府有必要依据法律和政策制度对其应该承担的经济责任、政治责任、环保责任以及公益责任等进行管制和惩罚（蔡宁，2008），在政府规制的引导和监督下，推动重大工程项目履行社会责任自觉性和主动性。此外，政府规制可以通过行政管理等手段维护公平竞争与公平交易的市场秩序，从而促进重大工程参建企业积极履行社会责任（耿合江等，2008）

（二）重大工程社会责任政府规制机构设置及职能分析

政府规制是由行政机构制定并执行的直接干预市场配置机制或间接改变企业和消费者的供需决策的一般规则或特殊行为（叶静，2009），系统完善的政府规制体系有利于提升重大工程社会责任建设的紧迫感，从而激励其更加积极主动地切实履行应该承担的各项社会责任（陈冠南，2018）。具体来讲，重大工程项目建设过程中应该在遵循国家法律和行业准则的基础上，承担推动地方经济发展、保护生态环境、维护社区稳定等方面的社会责任。根据资源配置和管辖范围的不同，环保、水利、交通运输等部门针对重大工程项目建设过程中的社会责任履行行为都承担一定的监督和管理职责。

对我国一些典型的重大工程项目案例进行研究，可以发现在推动重大工程社会责任建设的过程中，政府规制作用的发挥具有明显的层级性，从中央到省、市乃至下属各县乡，多采用垂直的行政治理手段（乐云等，2018）。基于此，以各政府部门的具体职能为依据，对目前我国重大工程社会责任政府规制体系机构设置进行简单的梳理，以清楚地了解各政府职能部门在推动重大工程项目社会责任建设过程中的具体作用机制，为探究重大工程社会责任政府规制传导路径提供理论依据。

1. 国务院及国家发展改革委

国务院是我国最高国家权力机关的执行机关，对其下属各部和委员会承担监督和管理的职能（中央人民政府官方网站，2019）。以苏通大桥、镇江扬州长江公路大桥等项目为例，重大工程项目需向国务院计划主管部门提交建设申请和可行性研究报告，通过国务院全体会议、总办公会研究以及各主管部门综合评定，获得国务院投资主管机构的批准后，方可被正式确定为国家重点建设项目，由国务院计划主管部门公布（王子明，2013）。国家发展改革委是国务院的职能机构，根据规定权限负责我国重大工程项目的规划和审批，同时负责组织开展重大工程项目的稽查工作，下设省、市县级发展和改革委员会负责本省市辖区内重大工程项目的审批和监管，同时负责与其他政府部门和项目机构的对接和协调（国家发展改革委，2019）。在重大工程社会责任规制方面，国务院作为国家最高权力的执行机关主要承担监督者的角色，制定重大工程项目社会责任履行总体规制要求；国家发展改革委作为国务院职能机构，负责将国务院制定的总体规制要求传达给国务院下属各部委和职能机构，协调各职能部门针对重大工程项目建设过程中涉及社会责任的各项要求进行审查和规划，同时对其承担相应的监管职能。以怒江水利工程为例，国家发展改革委主持评审《怒江中下游流域水电规划报告》，协同怒江市政府、国家环保总局以及非政府组织环保 NGO 等社会团体针对怒江水坝环境影响问题召开审查会，此后又联合国务院西部开发办和云南省政府针对怒江水电情况进行实地考察和调研，最终于《能源发展"十二五"规划》批准建设怒江水电基地（魏淑艳等，2019）。

2. 国务院下属各部委

国务院下属各部委及直属机构根据具体职能分别针对重大工程不同方面的社会责任建设要求进行监督和管理，结合具体案例对生态环境部、交通运输部、水利部、自然资源部等涉及重要工程社会责任建设部门的机构设置和职能履行进行梳理，如图 3.1 所示。

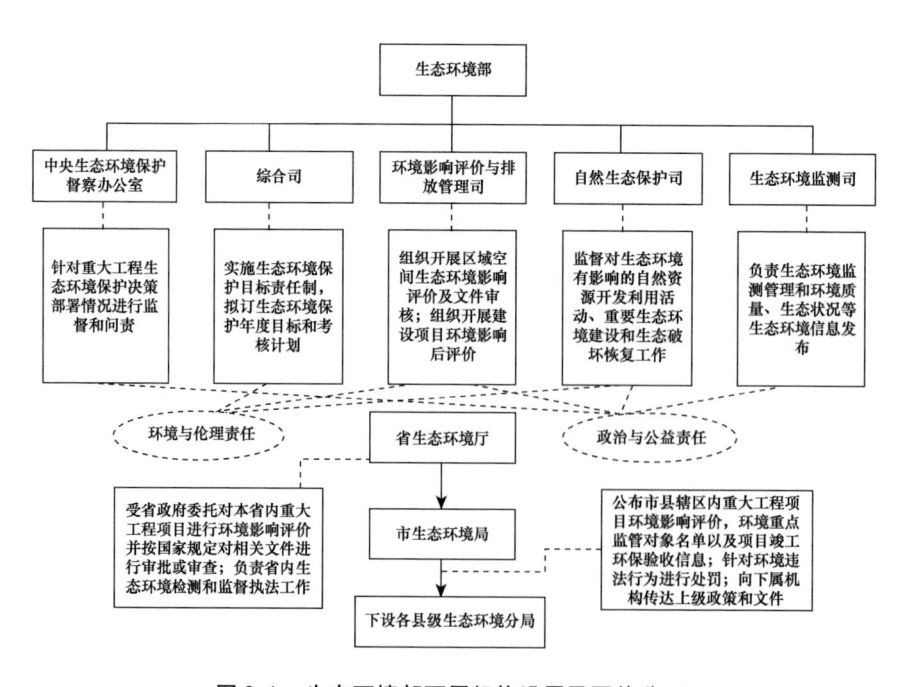

图 3.1　生态环境部下属机构设置及职能分工

资料来源：笔者根据公开资料整理。

第三章 重大工程社会责任的规制体系及其传递路径

生态环境部是在原国家环保总局的基础上，将国家发展改革委、原国土资源部、水利部、农业部以及国务院南水北调工程建设委员会办公室等部门的部分职责整合形成的一个国务院直属职能部门（国家生态环境保护部官方网站，2019）。在重大工程社会责任规制方面，生态环境部主要针对重大工程项目建设过程环境与伦理、政治与公益等方面应该承担的社会责任制定总体规制要求，并针对下属各机构进行监督和管理，具体包括生态影响评价、环境监测以及移民安置等。以三峡工程为例，在三峡工程建设初期，长江水利委员会专门成立长江水资源保护局（现长江流域水资源保护局），针对三峡工程长江流域水质环境进行监测（郑守仁，2018）。在工程建设期间，原国家环保总局（现生态环境部）、三峡建设委员会等部门以及沿线各省相关政府部门组建长江三峡工程生态与环境监测系统，编制《三峡库区及其上游水污染防治规划》，对三峡工程生态环境保护等方面提出明确要求，并定期发布《长江三峡工程生态与环境监测公报》，针对三峡工程建设与运营过程中库区水质治理、泥沙防治以及珍稀动物保护等方面的具体情况进行监督和公示，对三峡工程社会责任建设起到了一定的推动作用（方华峰，2017；杨顺湘等，2014）。

交通运输部是在原交通部和铁道部的基础上组建而成，主管公路局、水运局等交通运输部门，承担例如海文大桥、港珠澳大桥等公路、水路类国家重大工程建设项目的前期规划和审批工作（交通运输部官方网站，2019）。在重大工程社会责任规制方面，交通运输部主要负责针对重大工程项目建设过程中经济与质量、法律与规范以及环境与伦理等方面应该承担的社会责任进行监管，具体包括制定总体规制要求、监督下属机构执行情况等，主要涉及重大工程项目建设质量、安全生产以及环境影响等方面，如图3.2所示。以青藏铁路项目为例，原铁道部在经过专家论证之后向原国家计委报送《新建青藏铁路格尔木至拉萨段项目建议书》，最终由国务院批准立项。在青藏铁路工程的建设过程中，原铁道部结合其他政府相关部门针对工程质量、施工进度和技术等方面的工作任务提供技术支持并进行监管（丰静等，2019）。工程沿线各交通运输部门负责辖区内具体工段投资建设，其下属省、市、县级交通运输部门负责辖区内工程质量、施工进度和安全等方面的监管工作，同时协调各地政府职能部门等针对工程建设过程中涉及资金安全、环境保护等方面应该履行的社会责任进行监督和管理。

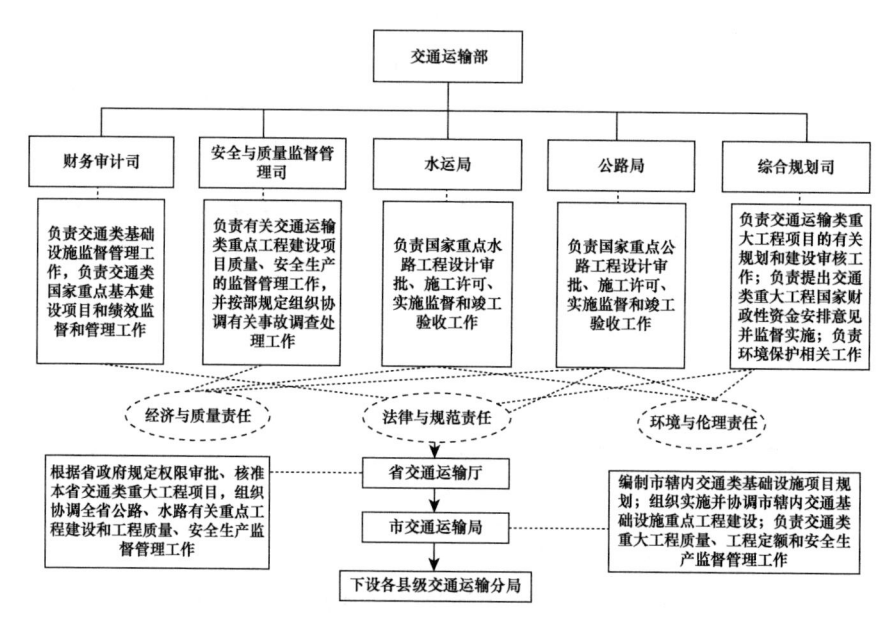

```
                          交通运输部
    ┌──────────┬──────────┬──────────┬──────────┬──────────┐
 财务审计司  安全与质量   水运局     公路局    综合规划司
             监督管理司
```

财务审计司	安全与质量监督管理司	水运局	公路局	综合规划司
负责交通类基础设施监督管理工作，负责交通类国家重点基本建设项目和绩效监督和管理工作	负责有关交通运输类重点工程建设项目质量、安全生产的监督管理工作，并按规定组织协调有关事故调查处理工作	负责国家重点水路工程设计审批、施工许可、实施监督和竣工验收工作	负责国家重点公路工程设计审批、施工许可、实施监督和竣工验收工作	负责交通运输类重大工程项目的有关规划和建设审核工作；负责提出交通类重大工程国家财政倾向性资金安排意见并监督实施；负责环境保护相关工作

（经济与质量责任） （法律与规范责任） （环境与伦理责任）

根据省政府规定权限审批、核准本省交通类重大工程项目，组织协调全省公路、水路有关重点工程建设和工程质量、安全生产监督管理工作	省交通运输厅 → 市交通运输局 → 下设各县级交通运输分局	编制市辖内交通类基础设施项目规划；组织实施并协调市辖内交通基础设施重点工程建设；负责交通类重大工程质量、工程定额和安全生产监督管理工作

图 3.2　交通运输部机构设置及职能分布

资料来源：笔者根据公开资料整理。

国家水利部在进行职能改革之后，主要负责国家水力资源的合理开发和利用，对诸如三峡工程、南水北调等水利类国家重大工程的建设和运行进行监督和管理（水利部官方网站，2019）。在实际建设过程中，水利部主要针对重大工程项目在经济与质量、环境与伦理以及政治与公益等维度应该承担的社会责任制定具体规制要求，并对各参建方社会责任实际履行情况进行监管和约束，具体涉及组织实施重大水利工程建设与运营管理，指导监督工程安全运行，组织工程验收有关工作；拟订水

第三章 重大工程社会责任的规制体系及其传递路径

利工程移民有关政策并监督实施,组织实施水利工程移民安置验收、监督评估等制度,指导监督水库移民后期扶持政策的实施;拟定重大工程项目水土保持规划并监督实施,组织实施水土流失的综合防治、监测预报并定期公告,针对涉水违法行为进行监督和查处等(水利部官方网站,2019),如图3.3所示。以南水北调工程为例,上至水利部和国务院南水北调工程建设委员会办公室,下至沿线各省水利厅(水务局)、各市县水利局(水务局)及相应的南水北调建设管理部门负责对工程建设及运营过程中水资源节约、水污染治理以及移民安置等方面的工作进行监督和管理(窦明等,2010)。此外,国家南水北调办公室作为中央政府指派的职能机构,规定工程沿线各省水利厅及其他政府水利机构主要负责对洪、旱、污染等水灾害进行相应的监测、预报、应急处理以及其灾后重建和恢复等工作(陈志松等,2010)。

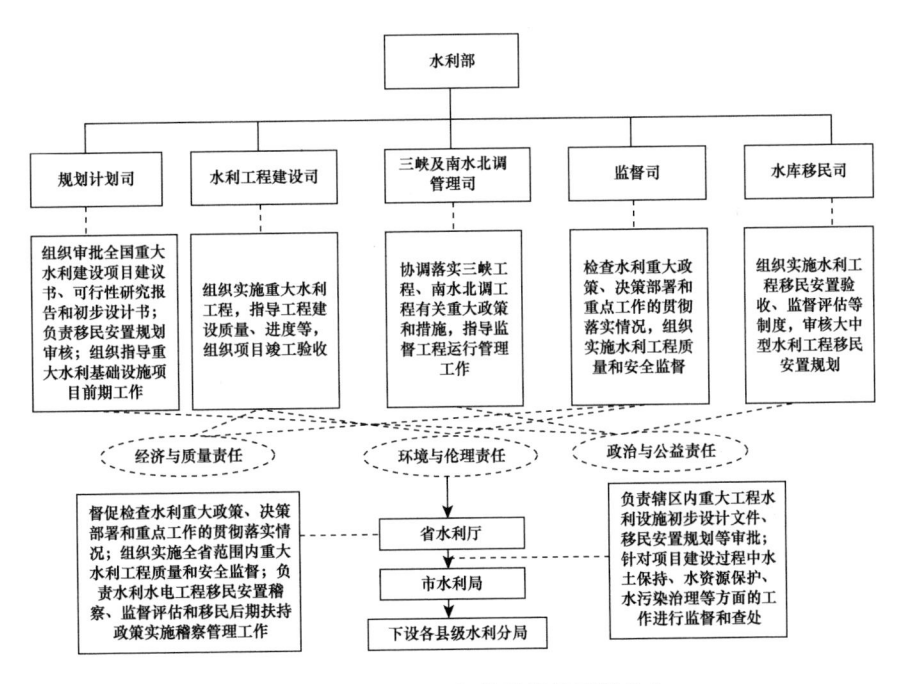

图3.3 水利部下属机构设置及职能分布

资料来源:笔者根据公开资料整理。

自然资源部由国土资源部演变而来，主要针对重大工程项目建设和运营过程中对土地、海洋、矿产等自然资源产生的影响进行监督和管理。针对重大工程项目应该承担的各项社会责任，自然资源部主要负责各参建方在项目建设和运营过程中涉及法律与规范、环境与伦理等维度的社会责任进行规制，具体涉及国家自然资源的合理开发和利用；重大工程项目的建设用地审批；项目建设过程中自然资源调查监测评价成果的监督管理和信息发布等（自然资源部官方网站，2019），如图3.4所示。以港珠澳大桥项目为例，大桥管理局联合中华白海豚保护区管理局以及其他相关单位成立白海豚保护工作领

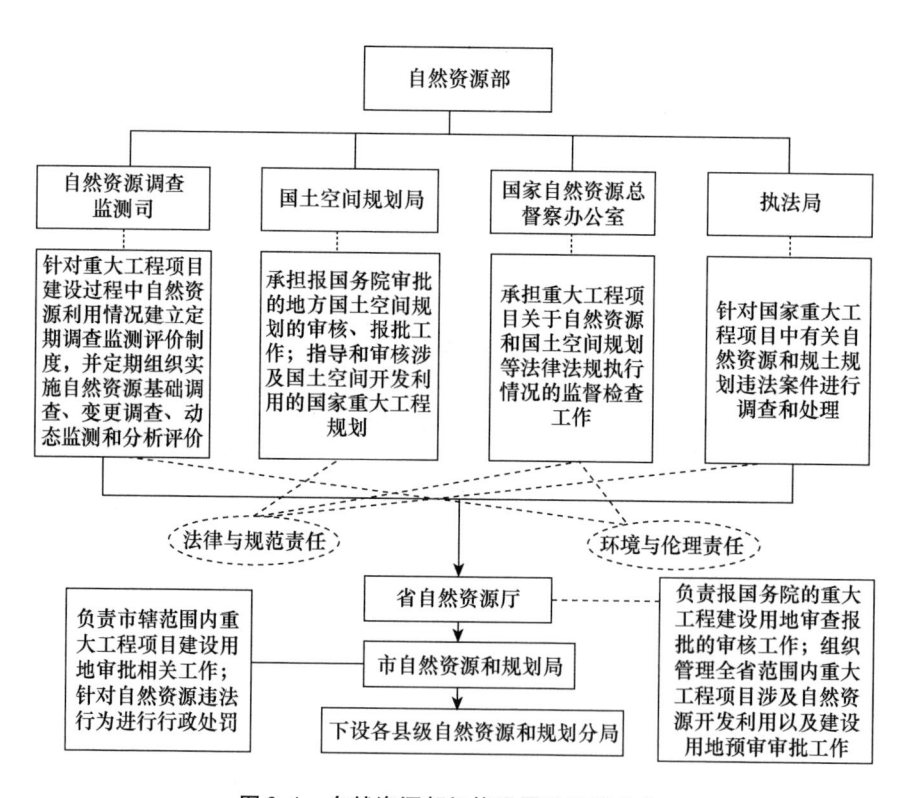

图3.4 自然资源部机构设置及职能分布

资料来源：笔者根据公开资料整理。

导小组，制订白海豚保护管理具体标准和制度要求。同时，联合广东省海洋与渔业厅积极密切关注项目海域海洋环境和水生野生动物的状况，加强水生生物生态环境监测（温华等，2016）。此外，港珠澳大桥是粤港澳三地政府合作的公共产品，在其决策和建设过程中，其用地规划由中央政府、各地政府以及港珠澳管理局等相关利益主体综合考量，同时三地政府还协同国家发展改革委、交通部以及环保部等相关部门协调白海豚保护方案以及口岸设置规划等（李迁等，2019）。

此外，财政部负责重大工程建设资金的审核、批复和管理，针对中央投资的国家重大工程项目，财政部需要出具出资证明并办理财政拨款，同时对项目实际建设和运营过程中对财政资金的使用情况进行监督和检查，以确保财政资金的专款专用和资金的使用效率（王子明，2013）。审计署负责对重大工程建设资金的预算执行情况进行监督和检查，同时2018年职能改革之后，重大工程项目的稽查工作也由审计署负责。国家税务总局主要针对重大工程项目建设和运营过程中的缴税行为进行监督和管理（审计署官方网站，2019；国家税务总局官方网站，2019）。

第三节 重大工程社会责任政府规制机制分析

（一）重大工程社会责任政府规制体系分析

对各政府部门机构设置及职能分工进行系统梳理，如图3.5所示。可以发现国务院在重大工程项目社会责任规制体系中发挥决策作用，充当监督者角色，发挥决策规制作用。国家发展改革委作为国务院的职能部门，在权责范围内负责全国重大工程项目的规划、审批和稽查工作。生态环境部、交通运输部、水利部、自然资源部以及财政部等部委根据职能范畴不同负责制定各自领域内重大工程项目社会责任总体规制要求，其下属各级政府职能部门又在符合总体规制要求的基础上根据各辖区实际发展情况制定具体规制要求，发挥监督规制作用。在规制要求的传达过程中，各部委在各自职能范畴内针对重大工程项目应该承担的经济与质量、法律与规范、生态与伦理以及政治与公益四个维度的社会责任制定总体规制要求，同时对其下属各级职能部门行使监督职责。

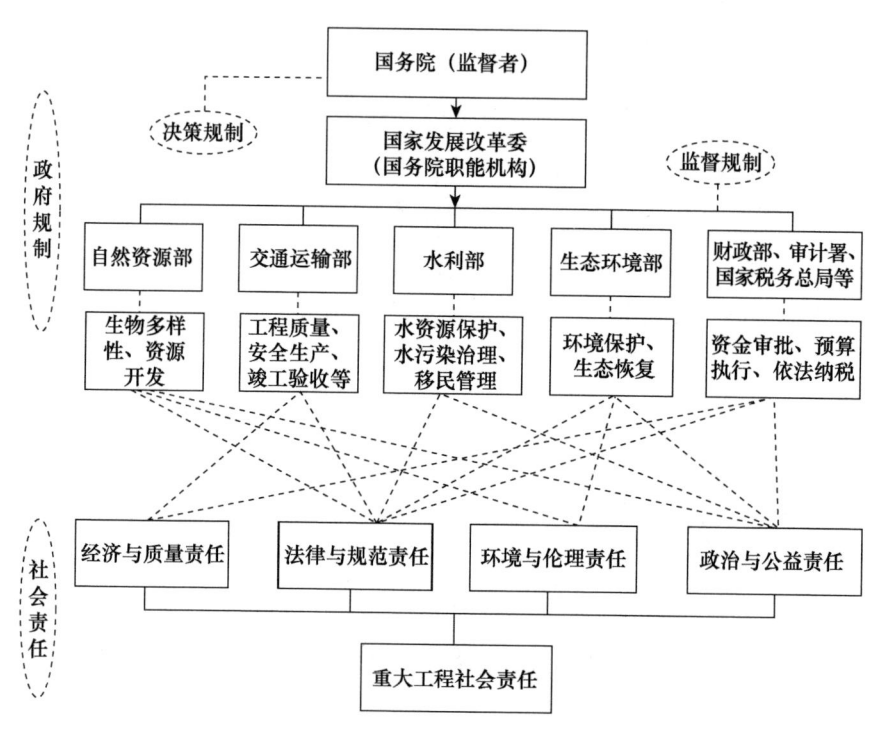

图 3.5　重大工程社会责任政府规制机制

资料来源：笔者根据公开资料整理。

（二）重大工程社会责任政府规制典型模式分析

通过上文对重大工程社会责任政府规制机构设置进行梳理，可以发现虽然各政府部门分为多条线对重大工程应该承担的社会责任行使相应的监督和管理职能，但在实际决策和建设过程中，基于重大工程建设规模的巨大性和参与组织的多元性，通常需要与其他部委、各地政府以及相关职能部门协调参与（乐云等，2014；刘新萍等，

2010）。基于此，我国重大工程项目实际建设和运营过程中通常会设置临时议事机构，以国务院部委和地方政府结合为主要形式，拥有准政府性质，对于重大工程资源的整合和调配、公共利益的协调、紧急情况的处理、工程质量以及环境影响等方面发挥着重要的作用（乐云等，2014；Zhai 等，2017）。我国建设的包括三峡水坝、南水北调、港珠澳大桥以及京沪高速铁路等在内的重大工程项目均设有项目指挥部或建设委员会等其他形式的临时议事机构，在跨部门议事协调方面发挥了十分重要的作用（乐云等，2014；张劲文等，2014）。基于此，以南水北调项目为例，针对项目指挥部这种典型的政府规制模式在推动重大工程项目社会责任建设过程的作用机制进行分析。

南水北调项目是当今世界上最浩大的跨流域调水工程，对于缓解我国北方地区水资源严重短缺问题，促进我国经济社会的生态环境协调发展，推进我国整体现代化进程具有重要的战略意义（张基尧，2008）。基于南水北调工程在工程建设、投资主体、管理组织等方面的复杂性，为了更好地发挥政府的行政监管作用，也为了更好地与工程沿线各地政府及其他职能部门做好协调工作，建立了如图3.6所示的项目管理体制框架。

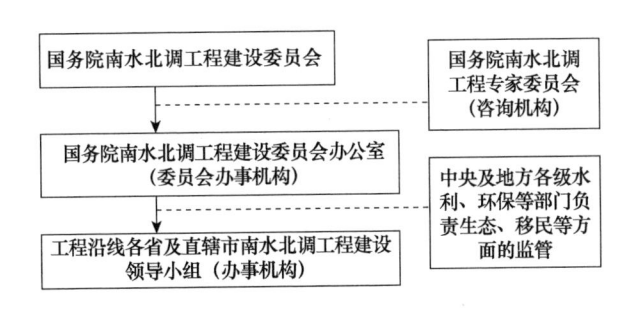

图 3.6　南水北调项目管理体制框架

资料来源：笔者根据公开资料整理。

国务院组织成立南水北调工程建设委员会作为项目建设的高层决策机构，研究决定南水北调工程建设的各项重大方针政策、工程质量和进度以及其他重大问题（乐云等，2014）。国务院南水北调工程建设委员会办公室为建设委员会的办事机构，对南水北调项目整体实施行政管理，负责研究提出工程建设实施过程中的各项相关政策和管理方法，起草有关法规草案；协调水利、生态环境等部门加强项目节水、动植物和生态环境保护（王海潮等，2008）。工程沿线各省及直辖市分别成立南水北调工程建设领导小组，并下设办事机构，负责贯彻落实国家有关南水北调工程建设的各项法律法规、政策措施和决定；负责组织协调本辖区内征地拆迁以及移民安置等问题；参与协调省、自治区以及各直辖市有关部门实施节水、治污和生态环境保护等方面的工作（张基尧，2008）。

在南水北调工程的实际建设过程中，移民安置、水资源保护以及水污染治理是体现其社会责任的三个重要方面，项目指挥部针对这几方面采取了相应的规制措施。首先在移民安置方面，南水北调工程实施"国务院南水北调工程建设委员会领导、省级人民政府负责、县为基础，项目法人参与"的管理体制。国务院南水北调工程建设委员会发挥统筹和领导作用，针对项目整体制定相关的移民安置政策；工程沿线各省级人民政府根据建设委员会制定的统一政策，再结合各自实际情况因地制宜地制定本省移民安置方案；最后下属各市县分别设立南水北调领导小组以及办事机构，负责各自辖区内移民安置的具体事项（张基尧，2008）。在水资源保护方面，国家计划委员会（现国家发展和改革委员会）协同水利部、国家环境保护总局（现生态环境部）、住房和城乡建设部等部门以及工程沿线各省市，共同编制《南水北调东线工程治污规划》，后建设委员会又协同监察部等部门制定《南水北调东线工程治污规划实施意见》。通过充分发挥地方政府和相关部门的协同作用，建立生态监测网络等多项措施来促进南水北调工程社会责任的履行。在水污染治理方面，国务院有关部门按照各自职责开展工作。国家发展改革和委员会组织负责审查各区域治污实施方案；环保部负责对治污实际情况进行监督检查并给予相应的指导；

住房和城乡建设部负责对城镇污水处理和再生资源利用设施的建设和运营情况进行监督和指导；水利部负责工程截污导流方面的前期工作；监察部负责对地方政府落实治污责任和目标完成情况进行检查。此外，工程沿线各省政府依照相关法规和政策，严格执行对本省内治污工作的行政监管和督查，对存在的违法乱纪现象依法予以处理和追责。

此外，在实际运行过程中，国务院南水北调工程建设委员会积极调动地方政府各部门的积极性，在地方政府的有力组织下，与国土资源部（现自然资源部）、国家发展和改革委员会、水利部、国家文物局、国家林业局以及公安部等相关部门成立了南水北调建设用地、文物保护、林地协调以及安全保卫等联合工作协调小组，共同推进南水北调工程更好地履行相应的社会责任。

第四节 重大工程社会责任政府规制传递路径分析

（一）重大工程社会责任政府规制间的传递路径

重大工程具有明显的公共产品属性，其建成后对社会公众影响巨大，具有较强的外部性，这些特殊属性的存在要求作为公共利益代表的政府必须制定适当的规制政策来维护社会秩序和政治稳定（乐云等，2018）。政府规制机制的设立和政策的制定有利于建设单位形成制度性压力，从而督促其在建设和运营过程中自觉履行相应的社会责任，以避免规范管制（乐云等，2016）。当前我国政府机构设置呈现鲜明的层级化和职能化特征（周振超，2009），层级化将整个行政区域划分成不同层级的地方政府，职能化则将各级政府划分成不同的职能部门，这一体制有利于各项政策要求和指令的逐级传递，形成清晰的任务划分（周望，2010）。但对于重大工程来讲，其组织结构具有高度复杂性，建设过程需要多方协调与资源整合，此时指挥部、建设委员会等协调议事机构的成立发挥了重要作用，例如南水北调工程建设委员会、上海世博会组织委员会、港珠澳大桥管理局等（乐云等，2016）。同时结合我国的具体情境，重大工程建设一般采取委托管理模式，政府作为业主方，通过招标等方式将项目的建设实施委托给具体的建设单位，由其组织负责项目全过程的决策和建设（乐云等，2018）。

有鉴于此，重大工程社会责任政府规制要求需要经历从中央政府到地方政府及各职能部门，再到具体的建设单位及其下属各管理部门的传输过程，如图3.7所示。在这个过程中，中央政府、地方各级政府以及相关职能部门以及建设单位扮演着不同的角色，共同推进重大工程社会责任的建设。政府通过授权或行政指令等形式将具体的规制要求以委托的形式传达给重大工程指挥部等临议事机构；临时议事机构又以市场委托形式，采用招投标等具体机制将重大工程社会责任方面的相关约束要求传达给项目各利益相关方；最后项目各利益相关者再通过内部机构设置切实履行保护环境、维护社区稳定、促进经济发展等方面的具体规制要求。

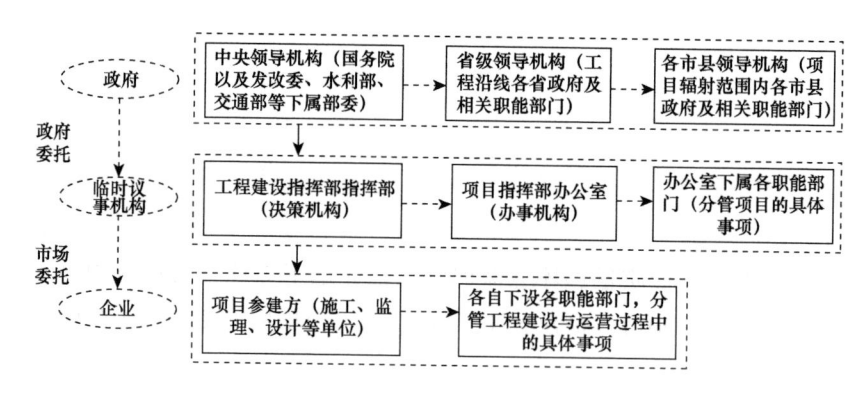

图 3.7 重大工程社会责任政府规制传递路径

资料来源：笔者根据公开资料整理。

从政府层面来讲，中央政府及相关职能部门对重大工程项目进行审批之后，将项目总体规划和社会责任规制要求下达给工程沿线各省政府，然后以省政府为核心根据本省实际情况制定所属区域内重大工程项目具体规划和规制要求,并协同生态环境局、水利局、交通局等职能部门共同督促重大工程项目切实履行社会责任建设的各项具体内容(张基尧,2008)。各政府职能部门一般均设立监督办公室,针对重大工程项目建设过程中社会责任建设的各方面情况进行监督,并在相关网站进行公示,通过颁布工程质量责任终身制实施办法、工程质量责任追究管理办法以及监督管理等规定,向施工单位、监理单位等项目参建方施加制度压力,督促其自觉履行相应的社会责任(乐云等,2016);针对重大工程项目在建设过程出现的有悖于社会责任的行为,依据相关规定严格进行查处,通过罚款、增加税收、限制市场进入等手段,增加各利益相关者的规制性压力,从而推动其社会责任建设。在重大工程项目的建设过程中,政府各有关部门应贯彻落实国家和省、市有关工程建设的决策、法规,对项目建设进度情况、安全施工情况、环境保护情况、工程质量情况进行定期检查;制定履约考核计划,对项目公司履约情况进行考核;监督项目公司按照项目建设进度目标要求,按期完成项目建设并组织交工验收;对监理单位进行监管,监理单位定期将工作情况向实施机构报备。

从临时议事机构的层面来讲,其具有"准政府"性质,负责对重大工程项目全生命周期内的生产建设活动进行统筹和规划,下设各职能部门指令调度各参建单位的现场作业,在保证项目顺利完成的同时,也要保证工程质量、环境保护以及社会稳定等社会责任行为落实到位(乐云等,2014;张劲文等,2014)。工程指挥部作为一个临时议事协调机构,具有很强的指令性和协调能力,针对重大工程建设过程中征地、移民安置、地区利益协调等社会问题可以有效解决(张伟等,2007)。此外,重大工程指挥部通常也设有监督部门,针对工程建设过程中工程质量、施工安全、环境保护以及移民安置等方面的工作情况进行监督和管理,保障项目社会责任落实到位。

从参建企业层面来讲,政府及各职能部门在招标时已经通过招标文件等形式将社会责任的各项要求进行明确的规定,包括勘察单位、施工单位、设计单位以及监理单位等在内的各参建方，通常会设立包括施工、财务、环保等在内的具体部门分管工程建设与运营过程中的具体事项，同时定期向相关政府职能部门汇报工程进度、资金使用以及环境影响评价等方面的具体情况，并发布企业社会责任报告，汇报社会责任履行情况。以南水北调项目为例，项目法人（建设单位）、监理、勘察、设计、施工等单位和个人，按照国家法律法规和相关规定，对工程质量负相应的终身责任。南水北调工程质量责任终身制由国家南水北调工程行政管理部门负责实施，各省（直辖市）南水北调工程行政管理部门、项目法人（建设单位）、监理、勘察、设计、施工等单位具体落实。为保证施工过程中各参建单位切实履行应尽的社会责任，南水北调项目实施严格"三检制"，建立班组初检、中队复检、质量部终检的质检机构与质检制度。对工程质量问题，推行"三不放过"的原则，即事故原因不明不放过、处理措施不落实不放过、不接受经验教训不放过，真正做到"有责可循"。此外，南水北调工程沿线还设立举报公告牌，接受群众监督；进一步强化以飞检、稽查和举报为主的监察体系；强化一线员工质量奖罚制；强化五部委质量监管联动机制；强化每季度集中处罚的工作制度。通过以上组合措施，对南水北调项目社会责任建设行为进行严格的监督和管理（中央人民政府官方网站，2019）。

（二）重大工程社会责任政府规制传递路径利弊探究

在我国特有的政府—市场二元机制之下，政府规制机制的设置有利于重大工程参建方形成制度性压力，对于提高其社会责任履行的自觉性和积极性，推动重大工程项目各项社会责任的切实履行均发挥了不可磨灭的重要作用。以工程指挥部这种特殊的规制模式为例，可以充分发挥高层级领导的巨大权威性，借以协调各政府组织部门之间的关系，高效整合各类行政资源，从而提高重大工程建设效率以及对各参建单位的行政约束力。然而不可否认的是，这种政府主导的规制模式也存在一定的局限性。

1. 政府规制体系权责分配模糊

我国各政府层级间权责分配不同，表现出鲜明的"条块"特征，重大工程社会责任政府规制体系也存在一些内在问题。首先重大工程社会责任政府规制机制的建立是为了从整体上推动项目的可持续发展和社会责任的切实履行，但不同政府部门之间存在职能交叉甚至是重复的问题，导致重大工程社会责任建设过程中出现多头领导现象，在一定程度上阻碍了重大工程社会责任的切实履行。不同政府部门之间存在不同的规制目标，例如生态环境部主要侧重于考察重大工程项目建设过程中对环境的影响，重点关注各种排放指标的控制；而国家发展改革委、住建部等其他同级别的部门则更多地考虑重大工程项目应该承担的经济与质量责任。规制目标的差异性导致各级规制部门之间存在矛盾性，从而加大了规制传导和执行过程中的风险性，以至各项规制政策和要求的实际效果可能不尽如人意。例如招投标机制的初衷是优胜劣汰，以得到合理的造价控制建设成本，但行业规则的不合理利用致使偷工减料等行为的出现，不仅容易激化甲乙双方的矛盾，更导致其成为腐败滋生的重灾区。由于政策的多变性和经济发展的快速性，各项规制政策也需要不断地变革和修订，在传导过程中各项规制要求再受到众多因素的影响产生扭曲，最终导致重大工程社会责任政府规制传导路径产生一定程度的变异。

2. 兼任现象提升腐败风险

在中国，重大工程项目通常由政府发起，而且政府的相关监管部门往往也牵涉其中，政府通常会委派相关行政职位人员兼任工程指挥部的高层管理人员。在这种情景下，有可能导致监管机制的失灵，使通过规制压力提高项目履行社会责任积极性的效果大打折扣。通常情况下，在项目初期，工程指挥部的正职领导由政府常设机构的相关领导兼任，具体职务与工程类别、规模和复杂性有关。

工程指挥部的正职领导的廉洁性与重大工程项目社会责任的履行情况有着直接的联系，一旦出现工程腐败现象，后果不堪设想。因此，在施行重大工程项目建设指挥部的过程中，必须要加强对各级管理人员的审查和监督，对于存在贪污腐败以及其他不作为甚至违法乱纪情况的人员进行严格的查处，以起到警示作用。

3. 不同参建单位社会责任约束力度参差不齐

针对参与重大工程项目建设的不同类型的企业，政府规制所发挥的作用也分为不同的等级。一般情况下，国有企业的社会责任履行情况较为良好，在无合同的情况下仍然很积极地参与项目建设，因为国企与政府之间存在着特殊的非正式规制。对于国有企业来说，政府拥有其高层管理人员的任命与罢免的权力，可以根据国有企业的具体工作情况采取相应的激励与约束措施。如果国有企业在重大工程建设过程中存在社会责任缺失的现象，政府可以通过严格的行政层级结构对其管理人员进行处理；如果国有企业可以较好地履行相应的社会责任，在行业之中起到模范带头作用，其一方面增加了政治业绩，另一方面得到政府的政策激励和优待，可以得到越来越多的项目和市场机会。而对于普通企业而言，政府行政制度的约束和激励效果则相对较弱，这也是影响其社会责任建设的一个重要因素。此外，我国建设的各类重大工程中包含很大一部分的整治工程，例如南水北调、西气东输等，履行相应的社会责任不仅是各参建企业的应尽义务和道德要求，更是其职责和法律要求。各参建企业如果没有严格履行应尽的社会责任，可能面临的不仅仅是违规的问题，甚至存在严重的政治问题。这些隐形的非正式的规制也在一定程度上对重大工程参建企业的社会责任建设起到了约束和制约的作用。政府规制政策本身便存在一定的差异性，这既包括各地方政府之间存在的差异性，还包括地方政府与中央政府目标的差异，从而导致地方政府有时并未完全按照中央政策执行，而是从自己的利益角度出发采取不同措施。以高铁网络建设为例，中央政府考虑的是政治经济等宏观全局的发展需要，而部分地方政府更多地考虑自己的经济地位和地方政府业绩,建设动机的不同导致了社会资源的浪费和规制传导的失灵。

第五节 重大工程社会责任政府规制优化路径选择

(一) 推动重大工程社会责任制度化建设

推动制度化建设是重大工程社会责任建设的重要环节,这意味着要明确重大工程社会责任的内涵,针对重大工程社会责任所涉及的各项内容进行全面细致的规定,填补目前立法漏洞,健全法律环境。重大工程社会责任涉及社会稳定和政治和谐、职工安全与健康、环境保护和资源节约以及工程质量与安全等与国家经济发展和人民生活息息相关的各个领域,政府应当以法律法规的形式明确重大工程对所有利益相关者的义务和责任,推动重大工程社会责任制度化建设。

具体路径包括完善重大工程社会责任立法,尤其是增加法律的详细条款和司法解释以及具体的量刑标准;积极规范相关社会责任法律的执行与司法,为重大工程履行社会责任构筑强有力的外部约束机制,减少因法律法规不完善及执行力欠缺而导致的重大工程社会责任履行缺失问题。推动我国重大工程社会责任制度化建设进程,除了立法形式,还可以考虑以非立法的政策强化重大工程履行社会责任的意识,制定专门的重大工程社会责任法,把重大工程社会责任纳入规范化的管理体系。

(二) 建立重大工程社会责任标准体系

当前,从重大工程项目造成的环境破坏到拆迁引发的群体性突发事件等,利益相关者社会责任严重缺失引发的后果已经超越了工程本身,演化成为一系列严重的社会问题。社会责任的紧迫性和复杂性日益突显,已经成为影响重大工程项目可持续发展的关键因素。重大工程项目社会责任的落实与切实履行取决于前期决策阶段尤其是项目评价过程中政府、业主等关键利益相关者对社会责任的重视和推行。因此，建立符合我国制度情境的重大工程社会责任标准体系，是政府规范重大工程社会责任行为的关键依据。

中国应在管理和标准化上与国际接轨，参与国际企业社会责任认证标准的制定和完善，尽快建立起符合中国二元制度情境和具体国情的重大工程社会责任评价体系。这一体系是包括策略制定、执行控制、绩效考核、沟通传播在内的完整封闭的管理体系。其次还应该设立权威管理机构，针对重大工程社会责任具体实践过程进行体系化的监督和管理，以督促重大工程社会责任的切实履行。目前，在中央政府、地方政府中缺少专门的权威机构和各级管理机构引导、监督重大工程履行相应社会责任。有鉴于此，从中央政府层面设立权威性重大工程社会责任主管机构负责制定重大工程社会责任长期规划，定期考核及考评地方政府在重大工程履行社会责任中的驱动效果。地方政府和自律性组织也应该设立专属机构，在中央权威管理机构的行动框架下，根据地方和行业的特点促进重大工程以及其他利益相关方的合作，系统地推进重大工程社会责任建设工作的落实。

（三）完善重大工程社会责任政府激励机制

完善政府激励机制是推动重大工程社会责任切实履行的有效途径。激励性政策比严惩性管制更能有效推动企业重大工程社会责任的自觉履行，例如税收优惠政策能够强而有力地激励重大工程参建方更加积极地履行社会责任。

针对重大工程建设过程中存在的部分失责现象，政府可以通过政府采购、行政审批优待、税收优惠、产业准入、融资支持等合理措施，增强履行社会责任的正面效应；通过树立最佳案例示范、引入非政府组织的教育和引导等创造积极履行重大工程社会责任良好氛围和环境；通过树立和培育社会责任和可持续发展理念等社会主义核心价值观,以及共同的质量与安全信念等增强重大工程社会责任建设积极性。此外,还要充分发挥市场和媒体的监督作用,并扩大重大工程社会责任负面新闻的传播力度,充分发挥市场的信息传递和监督作用,加大重大工程社会责任失责行为成本,促使重大工程履行社会责任积极性和主动性的提高,充分发挥社会责任投资和可持续消费的积极导向功能,降低外部环境触发重大工程实施"伪社会责任"行为动机的可能性。

第六节 结论与建议

结合具体案例,对政府规制在推动我国重大工程社会责任建设的过程中所发挥的作用以及具体的传导路径进行探究,可以发现在中国特色社会主义制度的特殊情境之下,政府规制对于约束参建单位行为,提升其履行社会责任的自觉性,推动重大工程项目可持续发展发挥了极其重要的作用。尤其是临时议事机构的设立,不仅有利于各项资源的整合,更有利于加强对重大工程社会责任建设行为的约束和对规制要求具体传导效果的监管。但目前我国重大工程社会责任政府规制机制也存在一定的局限性,例如政府职能交叉问题、兼任问题和目标差异性问题等。需要不断推动重大工程社会责任制度化建设,填补目前立法漏洞,健全法律环境;建立重大工程社会责任标准体系,系统地推进重大工程社会责任建设工作的落实;完善重大工程社会责任政府激励机制,刺激重大工程参建方自觉提高履行社会责任的积极性。同时在未来的重大工程建设中我们必须逐步强化市场主体的力量,减少市场主体外部兼任,以专任为主,以此适应规范化市场,避免市场失灵。同时适当弱化行政主体的力量,在领导小组等决策层组织坚持政府主导的同时,指挥部等项目控制层组织应减弱行政色彩,以协调为主要职责,以此适应制度环境,避免政府失灵。最终实现行政主体与市场主体两者之间的动态平衡,各司其职,市场主体掌运作，行政主体管协调，为重大工程切实履行社会责任提供切实的组织保障。

基于对重大工程社会责任的规制体系及其传递路径的分析发现，重大工程具有突出的项目政府关联（Project Government Connection，PGC），而参建方多为国企或与政府高度关联的成功企业（Liu 等，2010；Chi 等，2011；何清华、罗岚，2014），很多项目管理人员在半官方的行业协会兼任职务等，形成参建方的政府关联（Participating entites'Government Connection，EGC）。这一重要情境将对重大工程参建方履行社会责任的动机产生重要影响。本研究将这种政府关联提取为变量，将在下一章中结合社会责任动机的验证模型展开较为深入的研究。

第四章 重大工程社会责任多元动机验证

第一节 研究概述

当前,项目管理领域部分学者已经从理论上指出了研究参建方承担社会责任的动机成分及其演化效应在判断治理策略实施的必要性和效果,预判社会责任的可持续性与异化风险等方面的重要作用(Christensen 等,2014;Mok 等,2017;Ma 等,2017)。但这些成果均未深入研究重大工程社会责任特有的动机成分和动态演化过程,而且目前尚鲜有看到系统研究社会责任动机动态性特征的文献(Christensen 等,2014;肖红军等,2014)。

有鉴于此,从全新视角打破"动机黑箱",揭示其演化方向、演化过程和演化效应,辨识其隐蔽性和"合理区间",是重大工程社会责任动机研究和治理的"关键工序"(Christensen 等,2014;Ma 等,2017)。根据定义可知,社会责任行为是一种公民行为,具有利他属性(Garriga,2004;Lin 等,2010)。组织行为学提出了利他行为动机的类型学观点,并结合制度理论指明了动机演化的方向和过程,可以解决重大工程社会责任的"动机黑箱"问题(Piliavin 和 Charng,1990;Li 等,2014),但需要结合重大工程特定情境,辨识社会责任特有的动机成分、动态演化过程和演化效应等复杂特征。

团队利他理论研究均表明,由于存在成本,参建方的 MSR 不是

重大工程社会责任动机复杂性及治理策略研究

完全自发的，必然由某种内在的动机来驱动（Bergeron 等，2011；Bolino 等，2013；Li 等，2014）。了解这种行为的内部动机是对其实施管理的重要前提。社会责任作为一种利他行为，其主要动机本质上是为了赢得未来某种潜在的隐性价值和长期的成功（Organ，1988），具有利他属性（Grant，2013；Li 等，2014）。重大工程领域众多参建方之间普遍存在大量的利益冲突和矛盾（Turner 和 Müller，2003；Wang 和 Huang，2006；Flyvbjerg 等，2014），尤其是腐败现象大量涌现（Le 等，2014），导致项目管理中对参建方行为动机的考察存在功利性偏见，认为他们过多关注短期经济利益的满足（Leufkens 和 Noorderhaven，2011），实际上参建方普遍存在长期价值诉求，并愿意为了其他参建方和项目的整体需要，对短期经济利益做出让步（Anvuur 和 Kumaraswamy，2007；Hu 和 Liden，2014）。本研究开展的半结构化访谈中专家普遍提到的重大工程立功竞赛与已有研究均表明，参建方会为了某种动机优先考虑利他的决策，但这种动机一直没有得到证实（Müller 等，2014）。有别于一般企业，作为一种临时组织，重大工程多为政府发起，参建方众多且来自不同的专业公司，导致社会责任动机具有复杂性特征（Li 等，2014），已有企业利他行为动机解释和个体层次的成果并不能直接解释参建方的社会责任行为（Blatt，2008；Heere 和 Xing，2012），需要进行情境化研究。

综上，MSR 的内部驱动表现为参建方的利他动机，但传统的研究观点认为参建方的行为都是为了获得某种短期私利，因此，对利他动机对 MSR 的驱动作用缺乏全面清晰的认知。当前，团队利他理论关于利他动机的相关成果为本研究提供了依据（Podsakoff 等，2014；Li 等，2014）。基于上述背景，本章主要回答以下问题：（1）重大工程中参建方履行社会责任的动机是什么？（2）重大工程社会责任的动机有哪些复杂性特征？

本章目的在于通过上述问题的研究，探索和验证参建方 MSR 这一现象背后的利他动机，并通过政府关联这一重大工程突出的情景因素对利他动机与 MSR 关系的影响来考察不同动机之间的动态转换关系及其触发机制，以此揭示重大工程参建方实施 MSR 的合理动机成分及其一般规律。

动机对行为的驱动作用会受到任务情境的调节（Hackman，2002；Podsakoff 等，2014）。上述分析可知，重大工程突出的情景特征之一为普遍存在的政府关联（何清华和罗岚，2014；Liu 等，2016）。因此，政府关联对重大工程建设过程中参建方的行为和动机的关系有重要影响（McKenna 等，2006；Sun 和 Zhang，2011）。由于参建方与项目发起方的政府关联并不完全重叠，本研究为了更加清晰地揭示动机的触发机制，分别从项目（发起方）和参建方两个角度构建调节变量来考察政府关联这一情境因素对利他动机驱动 MSR 的影响。

第二节 假设提出

（一）重大工程参建方履行社会责任的动机

利他行为的双重动机一定程度上都存在真正的利他成分，即提高他人的福利和自我牺牲，如付出更多的时间和资源，忍耐一时的效用损失等（Li 等，2014）。重大工程参建方实施的 MSR 具有跨组织属性（Brion 等，2012；Anvuur 等，2012），对他方需求的关注程度更高（Li 等，2014）。首先，重大工程的公共物品属性可以满足参建方承担社会责任，为公众利益做出自我牺牲的意愿（Cun，2012；Shim 和 Faerman，2015）；同时，项目的突出意义使得参建方以参与该项目为傲，更是企业社会价值的重要体现，这种自豪感使得他们自愿付出额外的努力（Aronson 等，2013），满足内在的社会价值动机。其次，参与重大工程建设是展示参建方自身实力和品牌形象的良好机会，品牌效应和参与经历可以帮助企业获得更多的项目机会和发展空间（Xing 和 Chalip，2009；Heere 和 Xing，2012；Chi 等，2011；Flyvbjerg 等，

2014）；这类项目一般具有较高的要求，通过参与重大工程建设，参建方亦可以大幅提升技术创新和管理能力，培养优秀人才，提高团队项目建设能力；对于这些特定领域的优秀企业（Liu 等，2010），用优异的表现来维护和保持较好的形象与行业地位等长期收益要比赢取短期利益重要得多（Turner 和 Müller，2003），这种企业发展动机使得参建方自愿与关联参建方进行有效的协作来获取长远的成功（Batson 等，2008；Hu 和 Liden，2015）；而参与重大工程也是满足政治诉求动机的良好机会，表现优异的参建方可以获得优质的政府资源并促进政治升迁（Flyvbjerg 等，2014；Li 等，2011）。因此，参建方会为了企业发展的长远价值和政治诉求等互惠动机的满足，对短期利益做出让步，承担大量的 MSR（Grant，2013；Li 和 Liang，2014；Hu 和 Liden，2015）。最后，重大工程任务的高度依存性和普遍的跨组织行为使得利他动机不断得以传播、放大和强化（De Dreu，2006；Cameron 等，2011；Aronson 等，2013），参建方实施 MSR 的整体水平可以得到普遍提升。基于以上讨论，本研究就重大工程参建方的社会责任及其两种动机的关系提出如下假设：

H1a：参建方的互惠动机与 MSR 具有显著的正向关系。

H1b：参建方的社会价值动机与 MSR 具有显著的正向关系。

（二）重大工程政府关联的影响

1. 项目政府关联的影响

政府往往在很多方面掌握着资源分配（Li 等，2011），突出的政府背景使重大工程代表着丰厚的利润和未来持续的项目机会（Flyvbjerg 等，2014；Chi 等，2011），为了得到长期价值的满足，参建方愿意对眼前利益做出更大的让步，做出更多的 MSR（Xing 和 Chalip，2009）。同时，项目的政府关联越强烈，意味着参建方通过参建该项目可以实现更大的社会影响（Sun 和 Zhang，2011），带来高度的媒体关注，体现更高的社会价值，获得更高的社会认可（Chi 等，2011），亦可以帮助参建方获得更多的政府资源分配权和政治升迁机会（Flyvbjerg 等，2014）。因此，参建方愿意牺牲更多的成本去承担社会责任。即：

H2a：项目政府关联越强，参建方的互惠动机与 MSR 的关系越强烈。

H2b：项目政府关联越强，参建方的社会价值动机与 MSR 的关系越强烈。

2. 参建方政府关联的影响

政府关联较强的参建方一般可以通过政府相关规制部门获得较好的社会地位与影响力（Liu 等，2010；Chi 等，2011）。为了继续维持和提高这种合法性地位，也会比一般企业更愿意放弃短期利益，表现出更高的积极性，从而实施较为突出的 MSR（Grant，2008；Li 和 Liang，2014）。同时，参建方政府关联越强，意味着企业可以有更多的机会接触政府决策者，实施的 MSR 更易被观察到，从而更易获得新的项目机会和稀缺的商业资源（Li 等，2011）；尤其是很多国有企业的高管往往由政府任命，且同时兼任政府职务（何清华、罗岚，2014；Hu 等，2015），具有较强的政治诉求（Li 和 Liang，2014），而参与重大工程是满足政治诉求的重要渠道（Li 等，2011）。即：

H3a：参建方政府关联越强，其互惠动机与 MSR 的关系越强烈。

H3b：参建方政府关联越强，其社会价值动机与 MSR 的关系越强烈。

第三节　研究方法

（一）变量测量

1. 基于情境依赖的重大工程社会责任动机测量

为了准确提炼重大工程参建方 MSR 的动机，本章根据 Li 与 Liang（2014）的量表和 Li 等（2014）对利他动机的分类，通过 26 位专家访谈对量表进行修订。根据利他行为及其动机的定义，请 26 位专家列出他们认为的重大工程 MSR 动机，为了提高动机量表在重大工程情境中的信度和效度，本章在该环节并未将文献中已有的动机条目告知被访者；访谈结束之后，对访谈录音进行整理分析，其中得到动机描述 35 项，综合 Li 等（2014）和 Li 与 Liang（2014）的观点，将其分为互惠动机和社会价值动机两类，对相似或相近的条目进行合并，最终得到 10 个条目。由 1 名硕士研究生和 1 名博士研究生据此对文献中的动机条目进行对比和情境化处理，其中，互惠动机量表中添加了"为了得到其他参建方的好评"（ED4）和"为了获取更多的政府资源支持"（PA3）等文献量表中没有的条目，得到 7 个条目，社会价值动机量表未作删减，共 3 个条目，共计 10 个条目，构成初步的 MSR 动机题项。

2. 重大工程政府关联的测量

重大工程政府关联的测量选用了相同文化背景下的研究成果（Li、Liang，2014）中企业高层与中央政府的政治关联量表作为基础。考虑到当前建设在各级地方政府经济发展中的重要作用及两者之间的特殊关系（Chi 等，2011），本研究按照中国政府的行政划分，将该量表拓展为与重大工程相关联的 6 个层次，包括中央、省级、地级、县级、国有企业，采用李克特五分量表，分别从参建方和项目两个方面来全面衡量重大工程与政府之间的复杂关系。

基于以上文献分析、访谈、量表修订形成本章的初步问卷，由两名博士生对题项的陈述进行理论化处理。为了提高问卷的内容效度，本章亦参考 Le 等（2014）的做法，进一步通过前文 14 位专家的结构化访谈对问卷题项进行修订。根据打分结果和专家意见，动机问卷中无平均分低于 2.5 的条目，因此全部保留（Liu 等，2004）；访谈中专家认为重大工程项目或参建方与政府之间普遍存在的非正式关联，同时结合 Li 等（2011）对中国文化中特有的政府圈层关系渠道的描述，题项中对政府直接关联的评价修订为对政府关联程度的评价，将隐性政府关联也纳入研究。经过上述多个步骤，最终得到调研问卷（见表4.1）。

表4.1　　　　MSR利他动机及政府关联的测量

变量	编码	题项	因子载荷	均值	标准差
企业发展（FD）	FD1	为了未来可以得到更多的项目建设机会	0.756	4.25	0.725
	FD2	为了未来可以与其他参建方有更多的合作机会	0.853	4.13	0.718
	FD3	为了得到各种荣誉，提升本单位的品牌形象	0.819	4.28	0.704
	FD4	为了得到其他参建方的好评	0.826	3.94	0.769
社会价值（SV）	SV1	为了通过参与重大工程赢得行业和社会的信任与尊重	0.907	4.30	0.653
	SV2	为了通过参与重大工程建设解决社会问题，承担应尽的社会责任	0.835	4.06	0.788
	SV3	为了影响建筑领域的技术进步与行业发展	0.767	3.91	0.847
政治诉求（PA）	PA1	为了影响国家或当地的经济发展	0.865	3.84	0.784
	PA2	为了高层管理者的政治前途	0.717	3.80	0.820
	PA3	为了获取更多的政府资源支持	0.767	3.92	0.742
政府关联（GC）	GC1	我方项目管理团队与中央政府相关部门的关系强度	0.828	2.57	1.270
	GC2	我方项目管理团队与省级（含直辖市）政府相关部门的关系强度	0.837	3.31	1.072
	GC3	我方项目管理团队与地级（含直辖市下设的行政区）政府相关部门的关系强度	0.645	3.61	1.043
	GC4	我方项目管理团队与县级政府相关部门的关系强度	0.698	3.43	1.255
	GC5	我方项目管理团队与相关国有企业的关系强度	0.785	3.87	1.022

注：FD4、PA3是专家访谈添加的题项，SV1是删除后使Cronbach's α 优化的题项；由于后续被调研项目与中央政府的关联普遍较低，均值低于3.0，因此，删除GC1。GC为参建方政府关联的数据分析结果，项目政府关联为同一量表，不再重复计算。

资料来源：笔者根据公开调研数据统计。

（二）样本选择与数据收集

1. 问卷设计与变量测量

根据本研究的研究方法设计，实地研究主要通过问卷调研的方式展开。为了客观反映当前重大工程参建方履行 MSR 的现状，在借鉴大量研究的基础上（Dunn 等，1994；陈晓萍，2008；罗岚，2014），于 2014 年 6 月—2015 年 10 月经过四个阶段，形成本研究行业实地调研的问卷。

阶段一：基于文献综述和理论依据提出 MSR 的初步研究框架，包括初步的研究问题清单和研究变量选择思路，形成研究问题转化为半结构化访谈提纲。

阶段二：在上述 26 位专家访谈中，请专家对每个研究问题提供各自的答案，然后作者陈述本研究的研究变量选择思路，征询专家的意见，以此对研究问题和变量选择进行修订，形成初步调研问卷。

阶段三：参考陈晓萍等（2008）的建议，借鉴 Farh 等（2004）MSR 研究及 Liu 等（2004）与 Le 等（2014）项目管理领域类似研究的做法，将初步调研问卷制作成打分表，发送给来自学术界与实践界的 14 位专家。两周之后，邀请专家进行结构化访谈，首先请专家对问卷的每个题项是否同意保留进行打分，1 表示同意，0 表示不同意，并陈述打分的理由，根据打分结果对问卷题项进行筛选和修订；同时邀请专家填写完整的问卷。

阶段四：根据 14 位专家的问卷填写结果，对问卷进行小样本测试，结合访谈时专家对每个题项的看法，形成本研究最终的调研问卷。

2. 问卷可靠性分析

问卷设计的可靠性是指问卷设计的合理性和科学性。关于问卷中问题的表述方式，本研究是在借鉴相关文献原有表述基础上，经过两轮的项目访谈，反复征询被访谈者的意见后修正的。修正后的问题表述方式同时考虑了问题表述的明确性、客观性、容易理解和能体现重大工程项目特征的要求。为避免问卷设计中可能隐含某种对回答者有诱导性的假设，避免问卷回答过程中可能出现的一致性动机问题，本研究在问卷设计中，没有说明研究的内容和逻辑，以防止回答者受到可能的因果关系暗示，进而在回答过程中受到这一暗示的影响。

3. 数据收集

为测度重大工程参建方履行 MSR 的整体水平，验证其多元动机及其复杂性，于 2015 年 10 月—2016 年 1 月展开实地调研。根据 Smith 等（1995）的观点，在对团队等高层次组织行为进行调研时，团队或企业的行为转换为可以代表团队或企业意志的管理者的行为。因此，根据本研究第一章对研究对象的界定，被访者为参与过重大工程实施的业主方、施工方和设计方的管理人员。为确保被调研对象能够准确理解调研内容的含义，本阶段首先选择与两轮访谈中的 40 位专家相关联的项目或企业以及项目收集覆盖的 23 个重大工程为调研范围；然后，在被访专家的协助下，由本研究作者对相关企业或项目的管理层利用项目内部会议或网络平台进行 5—10 分钟的调研培训，并同样重点选择举办过劳动竞赛（立功竞赛）的重大工程参与者作为调研对象。首先，现场发放，选择上海地区 4 个在建项目（上海迪士尼旅游度假区、上海西岸传媒港、上海国金中心、上海漕河泾综合开发项目）以及三家当地建设企业（上海建工集团第四建设公司、第七建设公司、中建八局）的项目现场发放问卷 210 份，回收 191 份；其次，基于现场发放经验，研究团队通过微信（Wechat）等网络平台对无法现场调研的（中建七局、中建三局、中建、上海建工集团等）企业的外地项目进行培训和调研，从中选取 200 位项目管理人员为调研对象，共收到 117 个回复。调研过程并不完全随机，通过现场或在线进行逐一沟通，了解对方的项目经历、角色、职位等背景信息以及对调研内容的理解和填写意愿之后有选择地发出调研邀请，因此整体问卷质量得以保障。最后，共调研了410位项目管理人员，收到308个回复，回复率76%。

（三）样本特征分析

删除填写不完整或答案出现连续一致的回复，筛选出260位项目管理人员的有效回答作为样本①，共覆盖港珠澳大桥、京沪高铁、上海世博会园区建设、郑万高铁、上海地铁10号线、郑卢高速、苏通大桥、上海中心、上海迪士尼旅游度假区、南宁火车站片区工程项目群等在建或已建成的重大工程项目151个（在信息充分的情况下区分项目标段和分期）。网络与实地调研有效问卷的比例为90∶170，卡方检验和方差分析（ANOVA）表明不同来源的问卷信息不存在明显差异。调研项目中，国家级五年规划项目、省级五年规划项目和所在地重大/重点项目合计占比96%（其余11个项目由于缺乏必要的项目信息，无法统计项目背景，根据项目政府关联和参建方政府关联的统计结果综合判断应满足重大工程的要求）。总体上，被调研项目在投资规模、项目背景、项目属性等方面具有较为突出的重大工程代表性和多样性。但限于我国当前各地经济发展的地区不均衡性，70%的项目来自华东和华南地区。由于重大工程参建方以国有企业为主，被调研的参建方超过80%为国有企业。

参与调研的260位项目管理人员中，应答者在教育程度、年龄、

---

① 根据Podsakoff等（2014）关于高层次组织行为研究的观点，进行高层次组织行为数据采集时，一般情况下，由多位团队成员同时对所属团队的行为进行评价，评价结果应计算并报告所有团队成员反馈的一致性，包括rwg、ICC1、ICC2等系数，但由一位团队管理人员来代替团队整体进行评价时，管理者的回答一定程度上可以弥补同源方差，无须计算一致性，如（Chuang和Liao, 2010；MacKenzie等, 2011）。本研究应答者均为项目管理人员，筛选有效问卷时亦确保每个项目的特定参建方仅有一份问卷纳入研究，因此不再计算群体一致性。

重大工程工作年限、参与项目实施的阶段等方面具有较好的代表性，可以保证对调研内容的充分理解；95%的应答者为项目的中层以上管理人员，同时50%以上在参建方所属企业中担任中层以上职务[①]，保证了对其所代表的参建方的行为实施情况有充分了解和对所属项目有较高的决策参与程度。反馈的答案可以较好地代表所属参建方行为的真实信息；根据本研究的研究设计，应答者来自作者筛选的业主方、施工方和设计方，分别占比为34.2%、17.7%和48.1%，限于设计方在项目管理过程中的参与程度较低，样本占比相对较低。

由于项目问卷数据均来自单一调研对象，而且研究变量易于出现社会赞许性偏差，导致数据信息可能会存在共同方法偏差（Common Method Variance，CMV）（Podsakoff等，2003）。在研究过程中，作者均选择各项目参建方管理人员作为调研对象，同时通过问题重测及承诺项目信息保密等程序控制方法减少共同方法偏差产生的可能性（并通过现场问卷收集的经验对网络问卷进行修订）；在统计控制方法方面，Harman单因素检验显示旋转前的单个主成分因子对本章相关变量所有测量指标的解释方差为28.80%，表明共同方法偏差问题并不会对数据质量产生显著影响（Podsakoff、Organ，1986）。

第四节 分析与结果

（一）测量工具的信度与效度分析

由于MSR本质上属于利他的公民行为（Yang等，2018），公民行为包括组织公民行为和企业公民行为，后者即为社会责任。因此，本研究关于MSR的测度采用Yang等（2018）提出的公民行为概念，

[①] 问卷筛选时对中层以下的非管理人员问卷进行删除。

经过信度与效度检验,该概念包含五个维度和20个行为类别(题项)作为 MSR 的测量工具。政府关联量表的 KMO 值为 0.80,Bartlett 球体检验的近似卡方为 603.492,在 $p<0.001$ 水平上显著,表明适合进行因子分析。根据分析结果,政府关联的测度项删除了 GT1(均值小于3),删除后该量表的 Cronbach's α 为 0.827,内部一致性满足要求。

  关于动机的量表(详见表4.2),由于对基于团队利他理论的动机框架进行了情境化处理,本章采用探索性因子分析对测度工具进行再次验证。探索性因子分析为表4.2中的7个互惠动机和3个社会价值动机的测度项。因子分析前互惠动机和社会价值动机的 KMO 值分别为0.751和0.652,Bartlett 球体检验的近似卡方分别为593.178和251.347,统计值均在 $p<0.001$ 水平上显著,表明各动机测度项之间可能存在有意义的联系,适合进行进一步的因子分析。表4.2显示了两个概念的因子分析结果。其中,互惠动机测度项因子分析共提取了2个特征值大于1的公因子,旋转后的因子载荷矩阵均大于0.7。因此,7个测度项分别与两个互惠动机存在良好的对应关系,各指标在对应公因子上的载荷显著大于0.5的判别值(Hair 等,2010),且显著高于其他公因子上的载荷,解释总方差为65.26%,解释度良好。这一结论符合上述互惠动机在重大工程中为二阶概念的观点,因此,将两个公因子分别命名为企业发展动机和政治诉求动机,Cronbach's α 均大于0.7。社会价值动机的三个测度项通过因子分析共提取一个特征值大于1的公因子,满足测度项与前文动机类别的对应关系。同时,基于10个测度项的共同因子分析结果发现,SV1 存在交叉载荷现象,且删除之后社会价值动机的内部一致性得以改善,Cronbach's α 为0.80,因此删除 SV1 测度项,删除后该因子解释总方差为83.094%,解释度良好。

  基于以上分析结果,为了验证变量信度和效度,本章借鉴 Chen 等(2005)的做法,仍然采用 PLS-SEM 工具 SmartPLS2.0M3,首先对测度模型进行全面评估,同时也对上述量表的优化结果进行检验,以免影响后续研究结果。

表 4.2　　MSR 利他动机的探索性因子分析结果①

测度项	MSR 的互惠动机因子		MSR 的社会价值动机因子
	因子1（企业发展动机）	因子2（政治诉求动机）	因子1（社会价值动机）
FD1	0.813	-0.017	—
FD2	0.820	0.142	—
FD3	0.807	0.164	—
FD4	0.744	0.260	—
PA1	0.063	0.738	—
PA2	0.082	0.794	—
PA3	0.262	0.813	—
SV1	—	—	0.781
SV2	—	—	0.898
SV3	—	—	0.834
特征值	3.107	1.461	1.662
方差贡献率	37.375	27.883	83.094
累计方差贡献率	37.375	65.257	83.094

资料来源：笔者根据公开调研数据统计。

测量模型评估结果如表 4.3 所示，主要有三个结果：①所有因子载荷均大于 0.7 的判别值，且 T 值均超过 2.58（$p<0.001$），表明测度效度是可接受的（Hair 等，2011；Ning、Ling，2013）；②CR 值均大于 0.7，表明每个概念的组成效度均在控制水平之上（Hair 等，2011）；③标准化因子载荷均处于大于 0.7 的控制水平（Hull，1999），且 T 值均在大于 2.58 的水平上高度显著，不存在交叉因子载

---

① 互惠动机与社会价值动机的概念源自已有的理论框架，无须进行整体探索性因子分析，本研究仅分别对两种动机单独进行探索性因子分析，即表 4.2 包含两次探索性因子分析，因此不存在互惠动机因子与社会价值动机因子的交叉载荷。

荷，表明变量具有良好的收敛效度（Hair 等，2011）。表 4.4 表明，所有 AVE 值均大于 0.5，且每个变量的 AVE 平方根都高于它与其他变量之间相关系数的绝对值，表明变量具有良好的判别效度。

表 4.3　　　　　　　　　测量模型评估结果

测度题项	标准化因子载荷				T-Value (>1.96)
	FD	PA	SV	TMGT	
ED1	**0.7471**	0.1168	0.3636	0.0222	19.852
ED2	**0.8539**	0.2601	0.3647	0.0758	34.986
ED3	**0.8144**	0.2698	0.4788	0.0547	29.661
ED4	**0.8349**	0.2883	0.4757	0.0930	29.525
PA1	0.1913	**0.8712**	0.5267	0.2074	26.084
PA2	0.2660	**0.7092**	0.1381	0.2899	10.623
PA3	0.3268	**0.7621**	0.3241	0.2482	12.055
SV2	0.4237	0.4227	**0.9080**	0.2480	40.025
SV3	0.4022	0.5165	**0.8366**	0.2310	20.476
TMGT2	0.0142	0.2542	0.1849	**0.8407**	23.871
TMGT3	0.0845	0.2189	0.2441	**0.8347**	8.399
TMGT4	0.0557	0.2245	0.0949	**0.6373**	10.178
TMGT5	0.0862	0.1691	0.0551	**0.6840**	11.042

注：加粗部分指各题项在所测变量上的载荷值，所列 T 值为该载荷值对应的显著性水平。

资料来源：笔者根据公开调研数据统计。

表 4.4　　　　　　量表的信度与效度（相关系数矩阵）

变量	AVE	CR	R^2	ED	PA	SV	TMGT
ED	0.6537	0.8865	0.8078	**0.8085**			
PA	0.6357	0.8258	0.5000	0.2998	**0.7973**		
SV	0.8303	0.8761	0	0.5187	0.4762	**0.9112**	

续表

变量	AVE	CR	R²	ED	PA	SV	TMGT
GT	0.5916	0.8691	0	0.0812	0.2944	0.2413	**0.7691**

注：加粗部分为 AVE 值的平方根，由作者手动计算得到。

资料来源：笔者根据公开调研数据统计。

（二）重大工程社会责任实施主体的动机差异

关于业主方、施工方和设计方实施 MSR 的动机，图 4.1 的均值分析结果显示，每一方均为三种动机并存，施工方的动机水平略高于设计，设计方略高或等于业主方，但整体水平并不存在显著差异（$p<0.1$）。三方动机排序显示，政治诉求均为最低。从不同角色来看，作为重大工程的主要责任承担者，三种动机中，业主最关注社会价值动机，其次是企业发展和政治诉求；作为乙方，施工和设计均较为关注企业发展诉求，其次均为社会价值和政治诉求。从不同动机类型来看，关于政府诉求，施工高于业主，设计最低；社会价值动机则是施工高于设计，业主最低；企业发展动机中承包商高于设计，业主最低。

业主方、施工方、设计方履行社会责任的动机水平

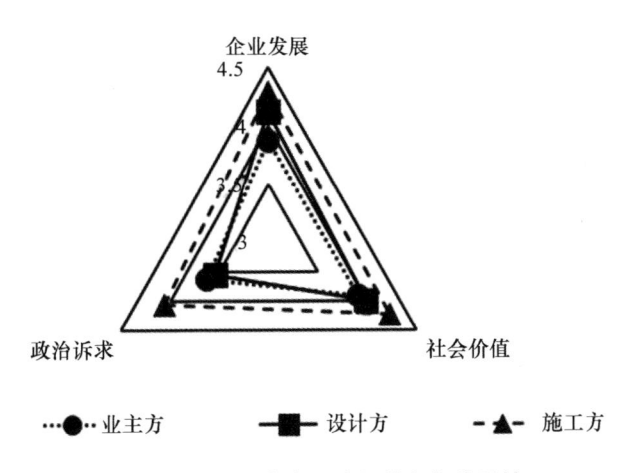

图 4.1 重大工程社会责任动机的角色差异性

资料来源：笔者根据公开调研数据绘制。

(三) 重大工程社会责任与多元动机的关系验证

基于重大工程社会责任问卷调研数据以及上述测度模型的验证，本研究采用层次回归分析对研究模型的假设进行检验。在具体分析过程中，首先单独考察了参建方角色（业主方、施工方、设计方）、参建方企业属性（是否国有）以及组织模式（管理模式、指挥部、项目公司等）三个控制变量对 MSR 的影响，随后在回归模型中逐步加入了自变量（互惠动机、社会价值动机）、调节变量（参建方政府关联、项目政府关联）。为了更好地检验动机与 MSR 之间的关系以及政府关联的调节作用，分别进行两次独立的回归分析，在第一次回归过程中调节变量显著的前提下，为进一步检验两个调节变量的共同作用，将调节效应显著的变量的三维交互项在最后一步放入模型，进行第二次回归分析，通过这一调节效应的层次回归过程，分析结果可以更好地显示动机与 MSR 之间关系的动态变化。

层次回归计算结果如表 4.5 显示（两次回归中 M1 至 M4 的结果不存在显著差异，不再重复报告），随着变量的不断加入，模型的 R^2 逐渐上升，表明模型的解释程度逐步得到提高。在分析过程中，各变量的方差膨胀因子（Variance Inflation Factor，VIF）处于 1.59—3.10 之间，均低于或略大于判别值 3.0。这表明，回归分析并不会受到多重共线性问题的显著影响（Cohen 等，2003）。

表 4.5 显示，在不考虑其他变量的情况下（M1），控制变量中参建方企业属性对 MSR 有显著的影响（$\alpha = -0.142$，$p < 0.05$），参建方的角色仅有略微的差异（$\alpha = 0.117$，$p < 0.1$），组织模式（$\alpha = -0.003$，N.S）对 MSR 的影响不显著。在回归模型中加入互惠动机和社会价值动机之后（M2），从各路径的标准回归系数看，互惠动机（$\alpha = 0.295$，$p < 0.001$）和社会价值动机（$\alpha = 0.39$，$p < 0.001$）均与 MSR 存在显著的正相关关系，验证了假设 H1a 和 H1b。且模型中各变量对 MSR 影响的 R^2 为 0.409，CR 为 0.903，表明构建模型可以

对 MSR 进行较好的解释。

(四) 调节效应验证

表 4.5 的回归结果显示，参建方政府关联对互惠动机与 MSR 之间的关系存在显著的调节效应（$\alpha = -0.185$，$p < 0.05$），但值得注意的是，该调节效应为负值，得出了与本研究的假设 H3a 相反的结论，亦即参建方政府关联强度越高，其实施 MSR 的互惠动机越弱；同时，参建方政府关联对社会价值动机与 MSR 之间关系的调节作用并不显著（$\alpha = 0.501$，$p = 0.617$）；项目的政府关联对互惠动机与 MSR 之间的关系仅有接近临界的调节作用①（$\alpha = 0.172$，$p < 0.1$，$p = 0.062$），同时对社会价值动机与 MSR 之间关系的调节作用同样不显著（$\alpha = -0.608$，$p = 0.544$）。因此，本研究关于调节效应的假设仅有 H2a 得到验证，H3a，H2b，H3b 均未得到验证。

表 4.5　　　　　　　　　层次回归计算结果[a]

变量	控制变量	主效应		调节效应	
	M1	M2	M3	M4	M5
步骤 1：控制变量					
参建方角色	0.117 +	-0.088	-0.080	-0.075	-0.082
参建方企业性质	-0.142 *	-0.103 +	-0.101 +	-0.092 +	-0.095
组织模式	-0.003	0.03	0.036	0.043	0.031
步骤 2：自变量					
互惠动机		0.295 ***	0.381 ***	0.396 ***	0.406 ***
社会价值动机		0.39 ***	0.278 ***	0.272 ***	0.204 ***
步骤 3：调节变量					
参建方政府关联			-0.027	-0.030	-0.040

---

① 一般认为，$p = 0.05$ 为最低显著性判别值，但实际研究中，部分学者认为，为了更充分地解释研究模型，对于关键路径系数显著性判别可以使用 $p = 0.1$ 的判别值（Martins、Eddleston Veiga，2002）。

续表

变量	控制变量 M1	主效应 M2	主效应 M3	调节效应 M4	调节效应 M5
项目政府关联			0.111	0.118	0.102
步骤4：两维交互					
互惠动机*参建方政府关联				−0.185*	−0.194*
互惠动机*项目政府关联				0.172+	0.168+
社会价值动机*参建方政府关联				0.043	0.035
社会价值动机*项目政府关联				−0.056	−0.054
步骤5：三维交互					
互惠动机*项目政府关联*参建方政府关联					0.122**+
R^2	0.044	0.379	0.387	0.401	0.409
F值	3.916**	31.038***	22.757***	15.086***	14.273***
ΔR^2		0.335	0.008	0.014	0.009
调整 R^2	0.033	0.367	0.370	0.374	0.381

注：ª N = 260，回归系数为标准回归系数；$*p<0.05$；$**p<0.01$；$***$；$p<0.001$；+ $p<0.1$。

资料来源：笔者根据公开调研数据统计。

根据调节效应可知，社会价值动机并未受到政府关联的影响，而互惠动机则整体上受到了负面影响（H2a系数为负值，且绝对值大于H3a），因此互惠动机应当逐渐减弱，社会价值动机保持稳定，且系数较大。鉴于两个调节变量均对互惠动机与社会责任的关系起到了显著的调节效应，为进一步分析两个调节变量的交互影响，本章进行了三维交互分析。表4.5显示，三维交互效应系数为0.122，且满足显著性要求（$p = 0.05$）。这表明两个调节变量同时发生作用时，互惠动机会得到强化，因此，对比 M5 和 M2 可以发现，随着政治关联的加入，社会价值动机与 MSR 的路径系数在逐渐减小（α 从 0.39^{***} 下降为 0.204^{***}），互惠动机的路径系数在逐渐增大（α 从 0.295^{***} 上升为 0.406^{***}），最终互惠动机（$\alpha = 0.406^{***}$）超过了社会价值动机（$\alpha = 0.204^{***}$）。这一点与上述直接调节效应结论是矛盾的。根据 Li 等（2014）关于两种动机之间存在相互转换的观点可知，这可能是因为在政府关联产生调节作用的过程中，促使部分社会价值动机转换成了互惠动机，使得表面上由社会价值动机驱动的 MSR 实际上由互惠动机驱动。这表明，社会价值动机可能在互惠动机与 MSR 的关系中起到了中介作用，即互惠动机可以通过社会价值动机的实现来驱动参建方实施 MSR。

（五）中介作用分析

本章进一步对上述关于社会价值动机可能在互惠动机与 MSR 之间的关系中具有中介效应的初步结果进行验证，该过程通过 Smart-PLS2.0M3 工具实现。第一步，单独计算互惠动机（自变量）与 MSR（因变量）之间的关系，路径系数为（$\alpha = 0.517$, $p < 0.001$）具有统计显著性，这再次验证了 H1a；第二步，计算互惠动机（自变量）与社会价值动机（中介变量）之间的关系，路径系数（$\alpha = 0.622$, $p < 0.001$）具有统计显著性；第三步，单独计算社会价值动机（中介变量）与 MSR（因变量）的路径系数（$\alpha = 0.567$, $p < 0.001$），具有高度统计显著性，这亦再次验证了 H1b，且该系数大于互惠动机的路径系数（$\alpha = 0.517$）；第四步，加入社会价值动机（中介变量）后，互惠动机（自变量）与 MSR（因变量）之间的关系，路径系数（$\alpha = 0.295$, $p < 0.001$）仍然具有统计显著性，但路径系数明显下降（从 $\alpha = 0.517^{***}$ 下降为 $\alpha = 0.295^{***}$），因此，社会价值动机（中介变量）在互惠动机（自变量）与 MSR（因变量）之间的关系中的确存在部

分中介作用，验证了上述推断。

中介效应检验显著的结果表明，本章回归分析表 4.5 中两种动机与 MSR 之间不断发生变化的路径系数仅为不考虑中介效应的直接效应。两种动机分别与 MSR 之间的总效应应为模型中单独计算一种动机与 MSR 之间关系时的结果。其中，互惠动机的路径系数为 $\alpha = 0.517$，且具有高度显著性（$p<0.001$），社会价值动机的路径系数为 $\alpha=0.567$，同样具有高度显著性（$p<0.001$）。这一结果直接再次验证了 H1a 和 H1b。从整体效应来看，社会价值动机的系数仍然大于互惠动机。本章同时检验了两种政府关联分别对两种动机驱动 MSR 总效应的调节效应，结果显示均不显著。这表明，H2a 与 H3a 仅代表调节变量对两种动机驱动 MSR 具有直接效应的调节作用。

第五节　结果讨论

本章识别并验证了互惠和社会价值两种利他动机对 MSR 的驱动作用，刻画了两种动机之间的动态转换关系，并通过重大工程及其参建方政府关联的调节作用揭示了上述转换关系的触发机制，有助于理解和认识重大工程参建方履行社会会责任的内在逻辑及其复杂性特征。

（一）重大工程社会责任的多元动机及其驱动作用

本章识别并验证了重大工程参建方实施 MSR 的多元化动机，包括企业发展、政治诉求和社会价值三种成分，其中前两者属于互惠动机，同时具有自利成分和利他成分，后者则属于完全利他动机。从不同角色来看，业主方、施工方和设计三方的动机尽管存在差异，但并不显著，且均处于较高水平。上述结论有别于以往的行业偏见，证明了重大工程的业主、施工与设计等参建方并非只有短期功利性动机，仅仅追求眼前的经济利益（Hu、Liden，2015；Cao 等，2016）。他们均有较高的长期价值导向，会为了项目的整体绩效对短期利益做出让步；这种长期价值主要是为了满足企业的长远发展需要，或实现一定的政治诉求，如获取更优质的政治资源和政治升迁，或者追求良好的社会形象和影响力，甚至承担一定的社会责任。其中互惠动机中的政治诉求更体现了重大工程由政府主导、国企参与的特色。从动机的长期性来看，MSR实际上是一种参建方应对不确定性的策略，因为它的价值诉求是面向未来的（Galaskiewicz、Wasserman，1989）。在这些内部利他动机的驱动下，参建方会自觉服从来自政府、项目管理等多方面的项目要求，努力执行较高的质量、技术、安全等标准，积极与其他参建方建立和维持和谐的关系，在其他相关参建方遇到难题时，主动提供有针对性的协助，并在上下工序或界面上保持协同与配合，甚至自愿投入更多优质资源支持项目建设。

从不同动机的解释程度来看，社会价值动机的路径系数大于互惠动机。这可能是因为我国以公有制为主和传统文化强调国家、集体利益高于个人利益的观念（Leung，2012；Li、Liang，2014）；同时，访谈专家指出，重大工程参建方的能力有一定专用性，某一类项目，比如高铁，一定范围内有能力参建的企业数量有限，而当前的新型城镇化趋势使得重大工程项目短期内大量涌现，因此，他们并不缺少项目机会，正如访谈专家指出的那样，相对于互惠价值，他们"一定程度上是首先为了代替政府完成任务，承担社会责任"。

但本研究关于中介效应和调节效应的分析结果证实了MSR两种动机的动态性，间接验证了重大工程中参建方行为及其动机的复杂性（Maylor等，2008；Blatt，2008；Li等，2014）。其中，社会价值动机在互惠动机驱动MSR的过程中起到了部分中介作用，这表明重大工程MSR的互惠动机与社会价值动机并非割裂和相互排斥，动机之间存在切换，即互惠动机对MSR的部分驱动作用可能是通过社会价值动机实现的；因此，部分被社会价值动机驱动的MSR实际上可能是为了追求企业发展机会和满足政治诉求等具有自利成分的互惠动机。

这一方面是由于这两种动机本身具有动态变化和相互转换的特性（Li 等，2014），同时也由于本研究所处的中国文化情境，社会价值与自我价值的实现具有较高的相关性，自我价值是实现社会价值的基础，而社会价值是自我价值实现的最高境界（Li 和 Liang，2014）。访谈中专家也指出"即使在市场经济的规则下，也离不开对公有的、集体的利益考虑"。

（二）政府关联对重大工程社会责任多元动机的影响

检验 H3a 的调节效应显示，随着参建方政府关联的增加，MSR 直接的互惠动机被弱化，这与原假设有较大出入。首先，经过研究情境的进一步对比发现，由于数据的可获得性，当前关于政府关联的研究成果，一般是基于政府关联较低的企业或个人（如上市民营企业及其高层管理者）主动寻求的政府关联（Li 和中 Liang，2014），与本研究研究的国有企业固有的政府关联有所不同；其次，本次调研的样本中 82.3% 为国有企业，参建方的政府关联整体呈现较高水平（均值大于 3.3），这意味着参建方的政治诉求已经得到较高水平的满足，同时也意味着企业发展已经获得较大的成功，实施 MSR 并不会显著地促进企业发展和政治诉求的满足，所以它们并不会因此更加积极；最后，政府关联对 MSR 的负面效应。访谈专家指出，中国当前新型城镇化使得重大工程数量急剧增加，政府关联较强的国有企业需要承接的重大工程数量短期内大量增加，但企业在一定阶段的建设能力是有限的，过多的项目给参建方带来建设压力，建设失误的风险大大增加，反而会损害企业发展，政治诉求也会因此受到牵连，这一点在文献中未得到关注。假设 H2a 得到验证，但显著性不高。这表明，当项目政府关联增强时，还是会有部分的参建方会更多地为了促进本企业的发展和满足政治需要实施 MSR。这可能是因为这些参建方的政府关联虽高但仍低于项目的政府关联，此时，与项目关联的政府及其相关部门或相关企业掌握着更多企业发展需要的资源（Chi 等，2011），为了持续得到足够的资源支持，参建方愿意对短期利益做出让步，实施较多的 MSR。但上述政府关联的负面效应，且部分已经取得商业成功的企业会降低政治诉求（Li 和 Liang，2015），可能是导致显著性不高的原因。两种政府关联对社会价值动机驱动 MSR 的调节效应均不显著，这表明项目或参建方与各级政府相关部门存在关联时，参建方实施 MSR 的社会价值动机并不受影响。这可能是由于本次研究的样本项目 88% 以上属于政府发起的重大项目，均具有较高水平的政府关联，导致调节效应不显著，这也可能是导致 H2a 调节效应显著性不高的另一个原因。上述参建方政府关联与项目政府关联调节效应的显著差异反映了重大工程复杂的政府关联及其双方政府力量之间的博弈，对参建方实施 MSR 行为的内在逻辑产生的复杂影响。

（三）重大工程社会责任多元动机的复杂性分析

综合以上结果发现，两种政府关联表面上弱化了互惠动机且并不影响社会价值动机（调节效应），但实际上却导致了互惠动机的直接驱动作用逐渐加强（表 4.5 中 H1a 的路径系数从 M2 到 M5 逐渐增加，三维交互效应显著），社会价值动机对 MSR 的驱动作用实际上在减少（表 4.5 中 H1b 的路径系数从 M2 到 M5 逐渐降低）。这表明社会价值动机的弱化并不是由政府关联直接导致的，根据中介效应可知，是因为社会价值动机部分地充当了互惠动机——MSR 的中介而间接导致的，即社会价值动机的强度尽管没发生变化，但也没有完全直接去驱动 MSR，而是首先部分地代替了互惠动机来驱动 MSR，最终使得实际上社会价值动机被弱化，真正的互惠动机被强化。这说明，参建方实施 MSR 的动机逐渐由社会价值动机部分地转换为互惠动机，最终 MSR 动机出现利他成分逐渐下降、自利成分逐渐上升的私有化趋势。

上述综合效应分析表明，两种政府关联同时存在时可以触发并且同社会价值动机的双重角色一起掩盖社会价值动机向具有自利成分的互惠动机转换，导致 MSR 动机出现利他成分降低、利己成分上升的私有化趋势。因此，在政府投资的重大工程中，参建方的政府关联越强，实施 MSR 的社会价值动机换为互惠动机的可能性就越高，而且这种转换具有隐蔽性。一方面是因为传统观念普遍认为政府关联较高的企业，如国有企业，具有较高的社会价值动机（Cun，2012；Jia、Zhang，2013），政府一般也认为国有企业应该与他们在经济发展等公共利益方面有共同的追求（Li 等，2011），认为国企不应该强调互惠动机，理所应当承担尽可能多的社会责任，导致参建方一般不会表明自己有强烈的利己动机，尤其是政治诉求，只能通过社会价值的名义来间接满足这些互惠动机。如访谈中某业主提到："我们是区域开发企业，要对整个区域的经济发展做贡献，不能只考虑企业利益"；"关于政治诉求，不能说有，说没有也不对"。

因此，一般情况下，参建方实施 MSR 的社会价值动机高于互惠动机，但政府关联会触发社会价值的中介作用，行为和动机涌现出复杂性，社会价值动机通过中介机制向互惠动机进行隐蔽切换的私有化趋势最终导致社会价值动机低于互惠动机。这也表明，很多国企需要或愿意承担社会责任的形象可以掩盖他们追求企业发展和政治诉求的利己成分。

第六节　研究结论

本章结合重大工程实践，探索性地研究了在重大工程高度不确定性情况下参建方实施 MSR 的背后利他动机，主要结论如下：MSR 的利他动机包括追求社会价值的完全利他动机和包含企业发展、政治诉求的互惠动机，证明了重大工程领域参建方利他动机的存在性和普遍性，验证了 Müller 等（2014）提出的关于项目管理中非理性经济人的观点；重大工程参建方社会价值动机存在向互惠动机转换的动态特性，即部分被社会价值动机驱动的 MSR 实际上可能最终目的是追求企业发展机会和满足政治诉求。当政府关联普遍较高时，这种转换的可能性更高。即在政府投资的重大工程中，政府关联较高的参建方往往会在社会价值动机的掩盖下追求企业发展和政治诉求等包含自利成分的互惠动机。上述结论揭示了 MSR 这一非理性现象的动机复杂性，从内部逻辑出发为认识重大工程社会责任复杂性提供了新的实证依据。

第五章 重大工程参建方履行社会责任评价

第一节 引言

（一）研究背景与意义

大型建设作为经济发展的重要组成部分，其科学的规划与建设已然成为现阶段新型城镇化发展建设的重中之重（兰冀聪，2017）。国务院关于加强城市建设的意见明确提出要加快完善基础设施网络系统，提升道路网络密度，提高基础设施网络连通性和可达性，围绕改善民生、保障城市安全，加快城市转型升级，全面提升城市水平。

作为城市重要的公共服务产品，项目建设尤其是大型市政项目能够给城市发展带来巨大效益，但是同时也会因为工程涉及的质量、安全及环境问题等对周边地区的生态、经济和社会造成巨大影响（马汉阳，2018）。大型工程建设面临一系列挑战，传统工程管理和项目管理理论具有较为显著的不适应性，社会责任管理作为解决大型基础设施项目可持续发展难题的重要途径已经受到学术界越来越多的关注（曾赛星，2018）。社会责任的履行能够帮助大型基础设施项目在环境、社会、经济、法律等方面提高项目绩效（Liu 等，2018），对项目可持续发展具有积极的影响（He 等，2019）。如果在项目前期决策阶段启动社会责任评价，重视社会责任推行，将会大大改善社会责任缺失带来的负面效应（Zhou 和 Mi，2017）。

有鉴于此，本研究在回顾与分析项目社会责任相关理论和执行现状基础上，试图建立一套大型基础设施项目社会责任评价体系，强化项目评价过程中政府、业主等关键利益相关者对社会责任的重视和推行。在系统性、整体性地对大型基础设施项目社会责任理论及其评价体系审视基础上，回答什么是大型基础设施项目社会责任的具体内涵。结合项目特有的属性，识别项目全生命周期关键利益相关者应当承担的社会责任清单，科学且合理地测度和评估重大工程社会责任，给出如何提升大型基础设施项目社会责任的建议。

认真探析大型基础设施项目社会责任评价体系，在理论层面和现实层面都具有重要意义。

（1）理论意义。从学术价值来说，社会责任评价体系是一套相对完整的理论体系，并且企业或公司社会责任评价已经有了成熟的研究成果，针对施工企业或监理公司等组织层面的社会责任指标已经较为丰富。然而由于建筑业的特殊性，对在其项目层面社会责任的研究同样十分重要，大型基础设施项目作为主要研究对象的社会责任评价还没有形成完整而系统的体系。因此本研究以大型基础设施项目为主体研究其在项目层面的社会责任评价体系，对丰富我国大型基础设施项目社会责任理论，完善前期决策阶段项目评价指标体系，填补此类研究存在的空白，增强研究的全面性和深入性有着重要的意义。此外，模糊数学作为研究的新热点，能够很好地处理边界模糊概念的不确定性，常与层次分析法或网络分析法等决策方法结合，用于风险评价或复杂性测度等。本研究将模糊层次分析法与大型基础设施社会责任评价研究相结合，扩展了该方法的应用范围。

（2）现实意义。从现实意义来说，研究大型基础设施项目社会责任评价，一是可以为项目投资者及利益相关者提供更准确的资料，提升他们的决策能力，防止因决策失误导致后续工程建设活动给社会带来不良影响；二是可以促进项目各参建方总结经验，加强社会责任方面的管理，提高各个企业的管理能力，增强社会竞争力；三是可以为政府部门、环保组织等相关机构提供强大的理论支持，使其制定政策时更加准确更具有针对性；四是对其他主体的评价研究具有很大的参考价值和借鉴意义，在开发新的大型基础设施项目时，帮助决策者更好地考虑项目的社会发展可持续性和生态环境适应性，有利于从整体上改善大型基础设施项目的社会责任缺失问题和可持续发展困境。

（二）研究目标

本研究将立足于大型基础设施项目管理实践和大型基础设施项目可持续发展的目标导向，在国内外研究的基础上，实现以下研究目标：

（1）整合大型基础设施项目管理理论、利益相关者理论和社会责任理论，借鉴现有项目社会责任探索性研究成果，初步构建重大工程社会责任指标体系。

（2）基于已有项目案例以及实践界和学术界的专家访谈，设定大型基础设施项目社会责任评价体系，确定各指标的评价权重。

（3）通过案例应用该社会责任指标评价体系，考量项目社会责任的履行情况，并对项目提出改进建议和具体对策。

（三）研究方法及技术路线

本研究结合重大工程特点，采取多种方法综合应用的原则研究重大工程社会责任理论和评价体系，技术路线见图5.1。

（1）文献研究法。文献研究是科学研究的重要前期基础研究方法，主要收集国内外有关大型基础设施项目社会责任评价的各种研究成果，同时覆盖政府部门对大型基础设施项目前期决策信息的公告和公开资料，为研究奠定理论支撑和资料准备。通过总结已有的研究进展和结论，并在此基础上发现研究缺口，以确定本章的研究方向、研究主题和研究思路。

（2）专家访谈法。为了客观了解大型基础设施项目社会责任实际

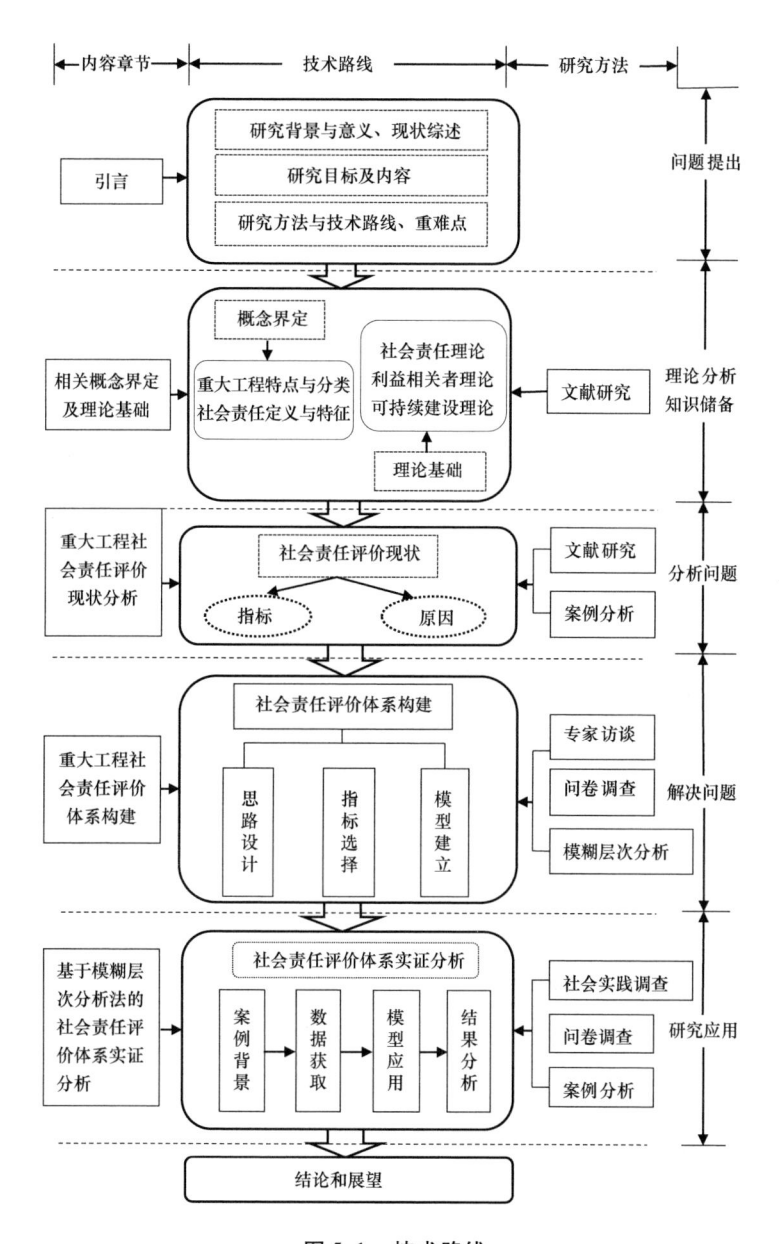

图 5.1 技术路线

资料来源：笔者自行绘制。

情况，对来自相关领域的专家进行访谈，从大型基础设施项目社会责任执行现状、社会责任缺失的主要原因、社会责任关键参建方的角色、社会责任重要执行主体排序、社会责任是否能真正大大改善社区居民生活，社会责任的正向效益是否足以弥补带来的负面破坏等问题出发，使本研究的社会责任理论研究和社会实践相结合。

（3）问卷调查法。邀请行业专家和学术专家参与社会责任评价指标的修订和权重分配，将初步的社会责任评价指标提交给被访专家，请专家提出评价指标优化建议；根据专家反馈结果，修订完善社会责任评价指标体系和权重。本研究在指标初选和指标相对重要性判断时，以调查问卷的形式向数名参与过基础设施项目规划和建设的高层管理人员发送问卷，征求专家对社会责任指标的评价。

（4）案例分析法。选择重点案例进行研究分析。以实践基地提供的案例为重点研究对象，进行深入实际调查，在合理分配调研对象比例的基础上，把数据综合起来，实证的数据增强了分析的客观性和可靠程度，使得对大型基础设施项目社会责任评价体系进行更加真实的描述和深入的理解，从而获得一个更加客观全面的观点。

（四）研究重点及难点

目前重大工程社会责任缺失引发的社会问题已经不容忽视，通过对现有重大工程社会责任执行现状的研究，分析社会责任缺失现象背后的原因，从项目层面出发，识别出重大工程在社会责任的不同维度应当承担的社会责任清单，构建一套属于重大工程的社会责任评价体系，给出解决当前社会责任发展困境的建议，是本研究的研究重点。

首先，目前已有研究者对大型质量安全、环境生态、社会风险、参建方社会责任缺失现象等问题进行研究，这些均属于重大工程社会责任的范畴，国外核心期刊已有较多重大工程社会责任研究，但是国内学者较少将其统一到社会责任这一语境中，导致社会责任文献收集难度增加。其次，如何从已有文献、报告和专家访谈中总结凝练出具有可执行性的社会责任指标,并选择合适的方法赋予指标权重,是另一个研究难点。

综上,重大工程社会责任评价包括重大工程社会责任履行程度评价、重大工程社会责任评价体系两个方面。本章首先对当前重大工程关键参建方履行社会责任的整体程度和水平进行综合评价,在此基础上,第六章将进一步构建适用于完善可行性研究中关于项目评价的重大工程社会责任评价体系。

第二节 相关概念界定及理论基础

(一) 重大工程社会责任基本特征

1. 重大工程社会责任的项目全生命周期动态性

重大工程社会责任的履行贯穿立项、设计、建设和运营阶段在内的项目全生命周期,不同生命周期阶段社会责任的履行主体和社会责任侧重点也会随之发生动态变化(Zeng 等,2017)。在立项阶段,重大工程的发起者通常为政府且受众为社会大众,因此项目的前期经济、技术、法律和公共事务管理等决策,除了政府主体以外,社会公众、新闻媒体、市场主体(科研或咨询单位)等也需要参与项目可行性分析和探讨。类似地,各参与方需要在不同阶段承担不同的社会责任,社会责任在项目全生命周期不同阶段体现的内容也有不同侧重(曾赛星等,2018)。例如,积极组织公众参与、决策与设计信息公开、有效监管等在项目立项阶段更为重要;而在设计阶段,重大工程社会责任主要涉及绿色与低碳设计、与环境的互适性等;现场质量与安全管理、突发事故应急处理、生态环境保护、施工资源的合理利用等更多体现在项目建设阶段;运营阶段主要突出的是基础设施养护、运营成本与安全保障等。由于大型基础设施工程项目前期决策决定了未来工程实践的方向和目标,对整个工程具有"牵一发而动全身"的作用(金帅等,2013),所以在决策阶段引入社会责任将有效治理重大工程社会责任缺失带来的负面效应。以某水坝工程中的移民安置政治责任问题为例，应把重点放在启动阶段，随着项目的发展特别是在设计阶段之后，如果移民定居问题处理得很好，那么这种社会责任将不再受到重视。结合基础设施项目建设周期短的特点，如果在项目前期阶段能够给予社会责任充分的重视，那么将在后续阶段为项目节省不少人力、物力等资源，避免在施工建设中出现不必要的麻烦，从而减少项目各方不同程度的损失。

2. 重大工程社会责任的利益相关者异质性

利益相关者是指其利益在项目实施过程中受到项目执行或实施的直接影响或间接影响的人或组织。重大工程的利益相关者包括政府、建设单位、施工单位、设计单位、监理单位、供应商、运营单位、社区、公众等，它们的决策或行为会不同程度地影响项目目标或绩效。不同利益相关者的影响差异使得在重大工程社会责任履行中的作用呈现出异质性（马汉阳，2018）。例如，大型基础设施的建设可能会使周边社区成为直接的受害者（例如，环境污染、安全事故等），也可能使社区成为工程经济效应的获益者（增加收入、出行便利等），他们对工程项目的评价会关系到社会责任的履行。乐云等（2016）基于复杂关系网络将PPP项目的利益相关者分为核心利益相关者（政府部分、私人投资者和PPP项目公司）和一般利益相关者（社区、公众、承包商、供应商、咨询机构等），并通过复杂网络分析得出政府部门在立项与设计阶段的权力最大，对其他利益相关者的影响力最高，在建设与运营阶段权力最大、影响力最高的是PPP项目公司。因此对于PPP模式的基础设施项目，在前期决策阶段政府部门具有非常高的权力及影响力，其决策均不同程度地影响其他利益相关者，政府部门要使得社会资本方深度参与最初的科研、立项等前期决策阶段，提高不同利益相关者的履行社会责任的意识，减少利益相关者之间的异化行为。

(二) 相关理论基础

1. 社会责任理论

社会责任是指组织通过透明及合乎道德的行为，为其决策和活动对社会和环境的影响而承担的责任（ISO，2006）。现有企业社会责任理论基于资源观、交易成本理论和制度理论等视角得出企业社会责任能够帮助企业赢得无形的竞争优势资源，从而降低交易成本，还可以帮助组织获取经济、政治及社会合法性等（Wang、Qian，2011）。受企业社会责任理论的启发，大型基础设施项目社会责任理论的研究主要集中在前因和结果方面。关于前因，已有研究指出社会责任的实施受到多种因素的影响，除了受组织规模、组织文化、政府行为、资源分配、财务投资等内部利益相关者的影响（Li、Zhang，2010；She 等，2018），信息和通信技术等外部环境的改变会提高利益相关者之间的信息透明度，增加披露大型基础设施项目管理不负责任行为的可能性（Yun，2014），此外，全球化、公众意识、市场环境、社会价值行业发展等也会影响大型基础设施项目社会责任的履行（Matten、Moon，2008）。关于结果，积极履行社会责任可以给大型基础设施项目带来正面效应，如成本节约、声誉提升、风险降低等（Flyvbjerg，2017；Zeng 等，2015）。相反地，社会责任缺失则可能导致工程腐败、韧性降低、职业健康与安全问题、环境污染、生态破坏等不良社会现象（马汉阳，2018）。对于重大工程，其往往位于城市繁华热闹区域，周边人员密集且车流量大，通常情况下施工场地狭窄，给周边环境、交通和居民生活带来较大的影响，若能在项目立项阶段启动社会责任评价，则能大大提高相关方的社会责任意识和行为，解决重大工程存在的各种社会问题，使其真正成为为民服务的公共工程。

2. 利益相关者理论

利益相关者是指能够影响一个组织的目标实现，或者因为一个组织实现其目标而受此过程影响的所有个体和群体（Freeman，1984）。

由此看出利益相关者的范围是极大的，包含主动影响工程的个人或群体，也包含被动受项目影响的个人或群体。利益相关者理论起源于20世纪60年代，起初作为对"股东利益至上"理念的批判与思考，而后逐渐成为西方国家真正认识和理解现代企业治理的有力工具。利益相关者理论的研究可以归结为定义、识别、行为及响应四个方面，即组织需要关注哪些是利益相关者、他们的诉求是什么、组织如何实现利益相关者的利益诉求和利益相关者能为组织带来什么。从主动性、重要性和紧急性可以将利益相关者细分为核心利益相关者、蛰伏利益相关者和边缘利益相关者三大类（陈宏辉等，2016）。沈岐平等（2010）用社会网络分析法将利益相关者分为妥协型附属型、指挥型和独居型。对于大型基础设施类项目，利益相关者可以分为商业利益相关者（承包商、设计单位、运营商和供应商）等主要利益相关者，政府部门（地方政府和监管机构）和公众（社区、媒体和公众）等次要利益相关者，这些利益相关者对项目绩效具有重大影响（Ma等，2017；Yang等，2018）。主要利益相关者在合同中有明确的合同和工作关系（Yang等，2018），次要利益相关者与之不同，主要受到规范性法规和社会文化认知等非正式的外部约束（Zeng等，2015）。由于主要和次要利益相关者的需求和期望不同，大型基础设施项目利益相关者的互动对社会责任的影响起决定性作用，主要利益相关者社会责任的履行可以产生积极的产业溢出效应，但是主要利益相关者之间的互动会削弱社会责任的积极影响，相比之下次要利益相关者在社会责任中的互动具有利他和道德动机，加强社会责任的积极影响从而有利于行业的可持续发展（Huemann等，2016；Ma等，2019）。对于大型基础设施项目，识别出不同利益相关者应该承担的社会责任，平衡利益相关者之间的利益诉求，有利于增加大型积极的溢出效应。

3. 可持续发展理论

建筑业以资源和能源高消耗的特点成为了可持续发展过程中的焦点，将可持续发展的思想和原则应用于建筑业发展过程，追求"绿色建筑""可持续建筑""生态建筑""健康建筑"的目标，有利于建筑业的可持续发展（任宏等，2010）。规划设计、建造运营等全寿命过程会消耗巨大的社会、经济和生态环境等资源，以较少消耗资源获得较大的社会经济效益，是衡量效益可持续性的主要标准。大型可持续发展强调项目全生命周期内，经济、技术、环境和社会的和谐与统一。在经济方面表现为成本和收益；在技术方面则体现在对绿色技术和材料的运用，对环境的适应性，投入使用后的可维护性以及项目质量、功能等的可靠性和持久性；在环境方面，主要是资源的合理利用、保护生态与环境等；社会表现为环境的安全与健康，最终目的是促进社会发展，改善人民的生活质量，增加就业机会、缓解贫富差距，历史文化古迹的发掘，要注重文化传承（张建新、王立国；2012）。大型可持续性超越了传统项目的三大目标（即成本、工期和质量）的范围，需要从宏观和长期的角度进行审慎的思考和行动（Aarseth 等，2017；Chang 等，2017）。由于当前大型工程给当地的生态、文化和社会环境带来了巨大的压力，可持续发展被视为决策者的焦点（Nilashi 等，2019）。社会责任日益成为大型可持续发展的重要决定因素，良好的社会责任管理对大型基础设施项目绩效具有积极而显著的影响（He 等，2019）。

第三节　重大工程社会责任现状分析

（一）社会责任维度与指标

1. 社会责任维度与指标来源

基于已有的文献及重大工程社会责任研究理论的发展，通过查阅大量关于重大工程管理、社会责任、可持续发展等方面的研究文献及资料，将文献进行总结，最终确定重大工程社会责任指标的来源，见表5.1。

表 5.1　　　　　　　　重大工程社会责任指标来源

重大工程社会责任指标来源	具体描述
学术期刊	以工程（infrastructure project）、社会责任（social responsibility）、利益相关者（stakeholder）、指标体系（indicator system）等关键词检索国内外 2001—2019 年的学术文献
国际标准认证体系	社会责任指南 ISO 26000
企业社会责任报告	大型基础设施项目相关企业或组织发布的社会责任报告
行业规范	中国对外承包工程行业社会责任指引
可行性研究报告	重大工程前期可研决策报告

资料来源：笔者根据公开文献整理。

　　指标来源涵盖了国际社会责任标准、企业社会责任报告和行业规范。ISO 26000 是适用于包括政府在内的所有社会组织的"社会责任"国际标准化组织指南标准，提供了社会责任融入组织的可操作性建议和工具，总体上适用于中国组织（李伟阳，2011）。但是由于语境、文化差异、行业背景等特殊原因会导致中国企业理解和应用国际标准的效果大打折扣，因此中国政府在 ISO 的基础上，出台了《中国对外承包工程行业社会责任指引》，旨在为中国对外承包工程企业树立社会责任建设的标尺，以更加负责任的方式承包对外工程（张湘，2012）。在此基础上，研究还考虑了大型企业和工程项目发布的社会责任报告，如西气东输社会责任报告（中国石油天然气集团公司，2014）等。为了使指标内容更加符合基础设施项目的特点，又结合了多份重大工程的前期可研报告。通过文献梳理和内容分析以及多渠道的指标来源保证了重大工程社会责任指标体系开发的可行性、全面性和科学性。

　　2. 社会责任维度

　　社会责任评价会涉及系统工程、统计学等众多学科专业知识，国外学者建立了不同社会责任模型以便更清晰地阐述社会责任需求（刘航，2016），主要有同心圆模型（美国经济发展委员会 CED，1971）、金字塔模型（Carroll，1979）、三重底线模型（John Elkington，1997）。不同模型在层次和逻辑关系上有所不同，但所涉及的社会责任内容基本相同，涵盖经济、法律、社会、环境、慈善、伦理等方面，其中应用最为广泛的是 Carroll 的社会责任金字塔模型，包括经济责任、法律责任、伦理责任及慈善责任四个维度（赵斯昕，2012）。此后，学术界对金字塔模型不断进行丰富和优化，通过文献阅读将社会责任维度和来源总结见表 5.2。

表 5.2　　　　　　　　重大工程社会责任维度及来源

社会责任维度	内涵	文献来源
经济责任	为社会提供有价值的大型基础设施项目并提供相应的服务	Korytárová、Hromádka（2014），Zeng 等（2015），Shen 等（2010），刘航（2016），Lin 等（2017），谢琳琳（2018）
法律责任	遵守相关法律法规要求	王爱民（2014），Zeng 等（2015），刘航（2016），Lin 等（2017）
生态责任	不以破坏生态环境为代价开发大型基础设施项目	Stone（2008），Shen 等（2010）
环境责任	承担保护环境的责任	余伟萍（2016），Ugwu 等（2006），PÉREZ LESPIER（2019），谢琳琳（2018），刘航（2016）
伦理责任	关心员工收入、职业健康和安全等	Zhao 等（2012），Zeng 等（2015），谢琳琳（2018），刘航（2015）
政治责任	维护社会稳定和公平	Zeng 等（2015），Shen 等（2010）

资料来源：笔者根据文献整理。

从表 5.2 中可以看出不同学者对社会责任的研究侧重点不同，社会责任分类也没有统一的标准。明确社会责任不同维度的内在逻辑关系会使社会责任描述的内容和对象更加清晰，有利于建立广泛适用的社会责任框架体系（赵斯昕，2012）。本研究在借鉴社会责任经典金字塔模型的基础上，结合曾赛星教授基于重大工程提出的社会责任评价指标体系，并加入有关重大工程这一独特背景的社会责任指标，将重大工程社会责任分为政治责任、经济与质量责任、法律责任、环境与伦理责任四个方面。

（1）政治责任。Frynas和Stephens（2015）认为社会责任与政治问题密切相关，从社会责任的政治角度出发，提出政治责任概念，认为组织可以通过承担社会责任在弥补政府失灵带来的国家治理与政府规制不足方面发挥重要作用，同时满足自身合理正当的长期战略利益诉求。重大工程由政府发起并推动且与国计民生密切相关，其政治责任要高于企业社会责任，影响范围也更大。在项目全生命周期内，主要关注当地社区关系及影响，与公众的关系等；在维护社会稳定方面，重大工程能改善社区居民的身心健康（Ludwig等，2012）和提高其幸福感，从而推进社会进步（Xu、Yang，2010）。

（2）经济与质量责任。经济责任是社会责任最基础的层面，是全部活动的基础（Carroll，1991）。重大工程作为大型公共服务系统，从多方面起着维持或促进国家和地区经济发展的重要作用（马汉阳，2018）。宏观层面，重大工程作为财政投资的一种生产要素对国民经济具有直接正效应，作为公共产品直接推动GDP增长（刘生龙、胡鞍钢，2010；Straub，2011）；中观层面，重大工程具有局部排他性和非营利性特点，其建设能够形成促进城市交通网络的形成（刘秉镰，2010），并由此促进区域经济发展、改善区域投资环境、促进建筑业和制造业等相关产业发展（Heravi、Gholami，2018）；微观层面，重大工程的建设过程能够创造更多的工作机会从而降低失业率（Leigh、Neill，2011），提高居民收入。工程质量责任在工程管理研究领域中是老生常谈的问题，一切经济效益应该建立在良好的工程质量基础上。对于基础设施类公益项目，一些地方的公益性工程项目质量事故不断增多，造成了大量人员伤亡和财产损失，事故原因多种多样，从本质上讲，在于公益性工程质量责任制中责任主体不明晰（毕研峰，2013）。由于质量责任和经济责任都是工程社会责任最基本的层面，现有的研究大多数将质量责任纳入到经济责任中，导致质量责任描述不明确、重点不突出，因此有必要在社会责任的一级指标体现出质量责任的重要位置。

（3）法律责任。法律责任是指项目组织在履行社会责任的过程中其行为需要同国家法律及政府规制相一致（Carroll，1991）。在发展中国家，项目立项和建设阶段是滋生腐败现象的频发环节，因此遵守法律法规是必然要求（Locatelli 等，2017）。重大工程的建设重在提供公共服务和维护社会稳定和谐发展，需要遵守相关法律和标准要求（Flyvbjerg，2014）。

（4）环境与伦理责任。环境与伦理责任是有别于法律责任的"正规约束"的"非正规约束"，它是以道德性的善，规定相关方应当承担的责任，通过一系列道德标准及独特的实现方式，对工程活动的各个环节进行伦理约束（何菁，2013）。在现有工程伦理的研究基础上将人权、慈善及环保责任统称为伦理责任（Ma 等，2017）。人权主要指职业健康安全、薪酬及福利、教育培训、安全事故的预防、和谐社区的建设和良好的信息披露等；慈善涉及相关福利设施建设和发起慈善活动等；环保方面主要包括绿色设计及施工、节能减排、污染防治等（Hosseini 等，2018）。近年来，工程建设中屡屡出现的"前腐后继"成为工程伦理研究的热点，制度缺陷使得单纯依靠法律法规来约束利益相关者的行为难以出现不完全性和滞后性，对于工程腐败的治理最终将归因于工程活动的利益相关方的责任意识和伦理责任上（何菁，2013；李永奎等，2013）。

3. 社会责任指标

基于重大工程层面的角度，从已有的研究中归纳出重大工程在政治责任、经济与质量责仼、法律责任、环境与伦理责任四个方面应该具体承担的社会责任指标，对于社会责任评价具有重大意义。

（二）重大工程社会责任执行现状

为了能够更好地了解重大工程社会责任的执行现状如何，本研究收集了××市滨河路、渠南路、农业快速路、东三环Ａ国道辅道等多份项目建议书和可行性研究报告，详细了解项目从立项到审批的各个环节。此外，访谈了来自规划、设计、建设、施工等单位的高级管理人员，通过与这些专家的交谈，从中获取了大量宝贵的信息。下面结合这些重大工程案例，探讨其全生命周期的各个阶段不同利益相关方在社会责任不同方面的执行情况。

1. 立项环节

重大工程的立项通常由政府发起，市或区发展和改革委员会对项目建议书、可行性研究报告和初步设计及概算进行批复，环保部门对环境影响报告进行批复。通过对专家访谈得知，大多数专家都认可目前项目的立项程序符合相关规范要求，但是不乏存在对社会责任的前期认识不足，在政治责任、经济与质量责任、环境与伦理责任等方面缺乏慎重考虑，导致出现一些违背自然规律工程、重复建设工程等。

重大工程立项环节是工程决策链条上的初始起点，工程建设与运营全过程都对其有强烈的路径依赖性或初始敏感性，该阶段中的任何微小失误，都可能经过一连串的活动被无线放大。政府拍板决策、公众参与度不够、决策不透明、决策程序走过场等社会责任缺失现象必须引起重视，方能从根本解决可持续发展困境。

2. 设计环节

重大工程获得立项批复后，需要区规划局审批设计方案，获取规划方案审定意见书和规划设计红线图，然后用地规划部门进行土地批复，获取建设用地规划许可证和建设工程规划许可证，设计方再进行初步设计和施工图设计。设计环节最关键的利益相关方是设计单位，设计单位通常需要将建设单位的需求反映到图纸上，通过技术交底、图纸会审等方式传达给施工单位。通过与专家交流得知，90%的专家认为目前的图纸设计能满足质量安全的要求，而且通常情况下还会高于相关规范标准，不过仍有10%的专家认为设计合标合规不等于保证安全。此外，设计方的工作已经不局限于设计阶段，而需要渗入到施工阶段,为施工单位解决施工过程中可能遇到的难题或其他不可预见事件的发生。

大多数专家表示尽管设计单位拥有大量经验丰富、专业知识过硬的专家,但是这些专家只是拥有决策参与权、建议权与否定权,对于关键性、全局性等问题的决策仍然保留在政府手中。

3. 施工环节

施工环节需要中标的施工单位依据合同和施工图设计开展一系列建设活动,将图纸内容转变为实体工程。施工环节涉及的利益相关者众多,包括政府、业主、施工单位、监理单位、设计单位、供应商、社区、社会公众和新闻媒体等。这里根据专家访谈结果和社会现状总结分析重大工程在施工阶段存在共性社会责任问题。在政治责任方面,100%的专家认为重大工程建设最终能够改善居民出行需求,维护社会稳发展。但是在过程中,多数重大工程的建设可能会阻断周边居民的原有出行通道,因此需要为居民规划临时道路保障正常出行,维护与周边社区和居民的关系。在经济与质量责任方面,80%的专家认为项目建设质量与安全事故正在逐步减少,各参建方的质量意识和安全意识普遍得到提高。但是不乏出现建设单位工程款发放不及时,施工单位为了提高利润增加没有必要的工程变更等经济性问题。在法律责任方面,随着相关法律法规和政府监管机制的完善以及不法行为处罚力度的增加,偷工减料、工程腐败的现象有所遏制。在环境与伦理方面,反映最强烈的是相关部门对于污染管控一刀切的做法,任何裸露土地全部覆盖比扬尘造成更大污染的土工布,长期将导致严重的土地污染。

重大工程施工环节社会责任缺失现象反映出各方社会责任意识薄弱,这源于长期以来项目前期决策阶段政府对于社会责任方面的重视程度和资金投入力度不够。

4. 运维环节

重大工程作为政府投资的公益性项目,建成以后政府部门还需要进行日常管理与维护。近年来普遍发生的道路安全事故，均造成了不同程度的人员伤亡和财产损失。道路安全事故频发，有气象原因、地质原因，当然也与人为因素密不可分。如果桥梁建设投入运营后加强维护、监管与保养，也不至于导致桥梁侧翻事故发生。对于猝不及防的地陷事故，也并非无法避免，大多数专家表示，如果能够通过雷达技术对基础设施进行定期检查，监测排查地下管线、空洞情况，及时化解风险，就是可行的手段。此外，部分专家表示项目运营缺少对突发事件的应急处理，比如某市 2019 年 8 月 1 日的特大暴雨，使得城市交通迅速瘫痪，除了与城市本身排水系统有关以外，同时也反映出相关部门面对此类突发事件时缺少应急预案管理。

从重大工程重建不重管引发的种种事故中，可以看出道路设施与每个人的生命安全息息相关，任何人的麻痹大意都会让他人付出生命的代价。城市管理者必须强化社会责任意识，使城市道路运营和维护妥善到位，才能让人们在路上走得"脚踏实地"。

（三）重大工程社会责任缺失的原因

1. 项目评价体系不完善

项目评价是为达到一个国家或地区发展目标，对政府或私人企业的投资项目进行可行性评价。现有的工程项目评价体系从内容上主要分为经济评价和社会评价，经济评价又可分为财务评价和国民经济评价。通过收集多份重大工程建议书和可行性研究报告，可以看出，在项目前期决策阶段主要进行经济性评价，主要关注的是工程类的硬件内容，比如建设条件、技术标准、建设方案与规模、经济效益、实施方案等，而较少关注工程类软环境内容，比如项目对社会影响分析、项目与所在地互适性分析、项目社会风险分析等，项目可行性报告往往比较简单（张灿明，2018）。通过和专家的交流，100% 的专家都认同目前大多数项目的可研报告内容固定统一，有关社会责任的内容千篇一律，缺少具体量化的指标体系，很难真正达到评价目的。

项目前期决策是在立项前围绕工程战略宏观层面以及系统整体层面，对工程建设做出的决策，具有基础决定性作用，其决策正确与否不仅影响工程建设全过程，也在很大程度上决定了工程在社会中的地位和价值。重大工程前期决策可行性论证是否全面深入、概念设计是否科学合理，总体规划是否具有整体性、系统性等都将直接影响道路工程建设的质量和效率（金帅等，2013）。大部分案例表明，项目可行性研究的不完整性、片面性及固定性是导致项目失败的重要原因（张灿明，2018）。如果能够在前期决策阶段就明确各个利益相关者应该承担的社会责任，规范社会责任评价，将会从源头上减少社会责任缺失带来的各种负面效应和不良影响。

2. 相关方社会责任意识薄弱

近年来，由于社会责任缺失导致的"豆腐渣工程"，使得"楼脆脆""桥糊糊"等多起重大工程责任事故成为"被制造出来的风险"，其本质是"有组织的不负责任"。随着国内建筑市场的专业化发展，往往一个企业不可能独立完成一项工程建设，需要多个专业分包队伍在业主、总承包商、供应商、监理、设计、检测机构等单位的共同配合下完成项目建设。大多数情况下，这些参建方社会责任的履行单纯依靠企业自我规制的自觉性，取决于社会责任的履行是否能够给自身带来实际效益，而很少出于自愿（郭岚、陈愚，2015）。因此，社会责任意识薄弱是重大工程产生危机事件的一个重要原因，承担社会责任是应对危机的最有效工具，能够保证重大工程尽快度过危机时期，降低危机事件带来的损失。通过与一些建设单位和施工单位的交谈可知，社会责任意识薄弱一方面源于前期可行性研究阶段政府等关键利益相关者对社会责任的重视程度不够，以至于没有足够的政策约束和资金支持；另一方面是由于相关企业缺乏长远眼光，侧重于眼前利益，忽视履行社会责任给企业带来的长久核心竞争力的提升。因此将社会责任评价纳入到前期决策范畴是工程管理机制的进一步完善，从根源上强化社会责任意识，为社会责任履行提高切实基础。

3. 社会责任专职监管机构空缺

重大工程具有重要的战略意义及鲜明的公共产品属性，决定了其组织模式具有独特的政府—市场二元机制，政府规制在推动重大工程社会责任建设方面扮演者不可取代的重要角色，必须发挥引导作用（乐云等，2017；李永奎等，2018）。政府社会责任规制的主要内容包括行业规范条例、工程相关法律条文、规则制度等（韩婷，2019）。在实际运营过程中，根据大型基础设施项目所属领域的不同，国资委、国家发展改革委、环保总局、交通部、水利部、商务部、财政部、安监局以及税务总局等政府部门根据具体事项协调参与，共同推进大型基础设施项目社会责任建设。

虽然会受到各政府部门的相关约束，但是目前我国尚未出台专项法律针对工程社会责任的履行行为进行约束，也没有成立专门的社会责任监管机构对重大工程项目社会责任进行全过程的监督和管理。同时，由于各政府层级间权责分配不同，表现出鲜明的"条块"特征，导致大型基础设施项目社会责任监管过程中政府规制作用难以得到全面发挥，社会责任治理有效性面临着巨大的挑战。单纯依靠项目各参建方的自觉性或者是社会舆论的力量，必定难以推动工程项目社会责任履行行为的积极性（乐云等，2018）。通过设立社会责任专职监管机构，可以向施工单位、监理单位等项目参建方施加制度压力，督促其自觉履行相应的社会责任（乐云等，2016）。

第六章 重大工程社会责任评价体系构建

第一节 社会责任评价模型构建思路设计

（一）整体流程

本研究首先根据前文的文献综述及大型基础设施项目社会责任的演进，识别项目在不同维度应该履行的社会责任，将其转化为可以测量的指标，设计社会责任评价体系；接着通过对比选择合理可行的评价方法，确定各评价指标的权重，计算综合评价结果；最后给出结论与建议，具体流程见图6.1。

考虑重大工程涉及多种类型的基础设施项目，各类项目之间存在较大差异，需要针对每类项目开发有针对性的社会责任评价指标，方可确保社会责任评价指标满足具有可操作性的程度和要求。因此，本研究根据数据可得性，选择大型市政道路类基础设施为主要研究样本，在选取社会责任具体指标时，会适当考虑大型市政道路类基础设施的基本特征，选取的社会责任评价指标尽可能地反映大型市政道路类基础设施项目特点的社会责任内容，确保该指标体系满足市政道路这类较为重要的基础设施项目前期决策时的需要，首要解决该类项目的社会责任评价问题。

（二）目标确定

社会责任评价是考量在项目前期决策阶段对社会责任所涵盖的法

```
                 ┌─────────────────────────────────┐
                 │ 大型基础设施项目社会责任评价体系研究 │
                 └─────────────────┬───────────────┘
                                   ▼
                     ┌──────────────────────┐
                     │  社会责任评价目标确立  │
                     └──────────┬───────────┘
                                ▼
                     ┌──────────────────────┐
                     │  社会责任评价方法选择  │
                     └──────────┬───────────┘
                                ▼
                     ┌──────────────────────┐
                     │   社会责任指标体系建立  │
                     └──────────┬───────────┘
```

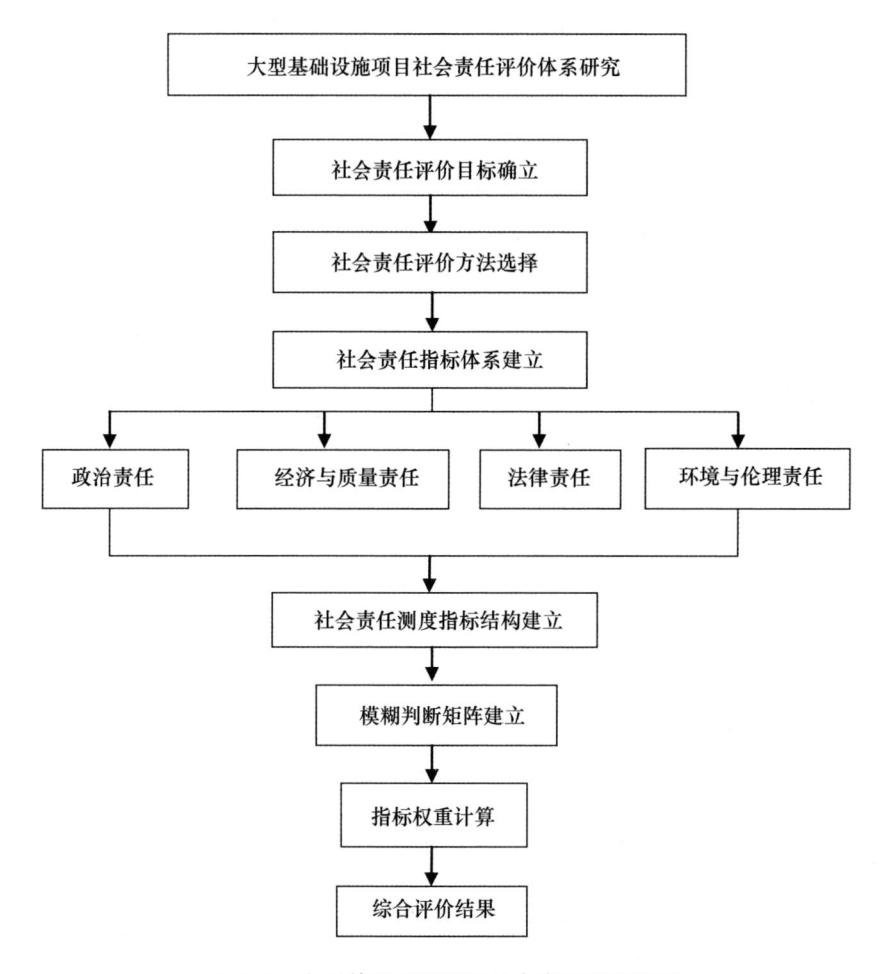

┌────────┬───────────────┬──────────┬──────────────┐
│ 政治责任 │ 经济与质量责任 │ 法律责任 │ 环境与伦理责任 │
└────────┴───────────────┴──────────┴──────────────┘

```
                     ┌──────────────────────┐
                     │ 社会责任测度指标结构建立 │
                     └──────────┬───────────┘
                                ▼
                     ┌──────────────────────┐
                     │    模糊判断矩阵建立    │
                     └──────────┬───────────┘
                                ▼
                     ┌──────────────────────┐
                     │     指标权重计算      │
                     └──────────┬───────────┘
                                ▼
                     ┌──────────────────────┐
                     │     综合评价结果      │
                     └──────────────────────┘
```

图 6.1 大型基础设施项目社会责任评价流程

资料来源：笔者自行绘制。

律、政治和伦理方面的指标水平是否合理，使得项目在后期设计、建设及运营维护阶段能够减少问题发生，从而实现项目目标。本研究基于社会责任视角，对项目前期决策阶段社会责任进行评价，并从社会责任的功能说明社会责任评价目标的合理性与科学性，见图6.2。

　　社会责任评价具有反馈、监测和评估的功能（刘航，2016）。反馈功能是社会责任评价最基础的功能，通过社会责任评价可以将不同

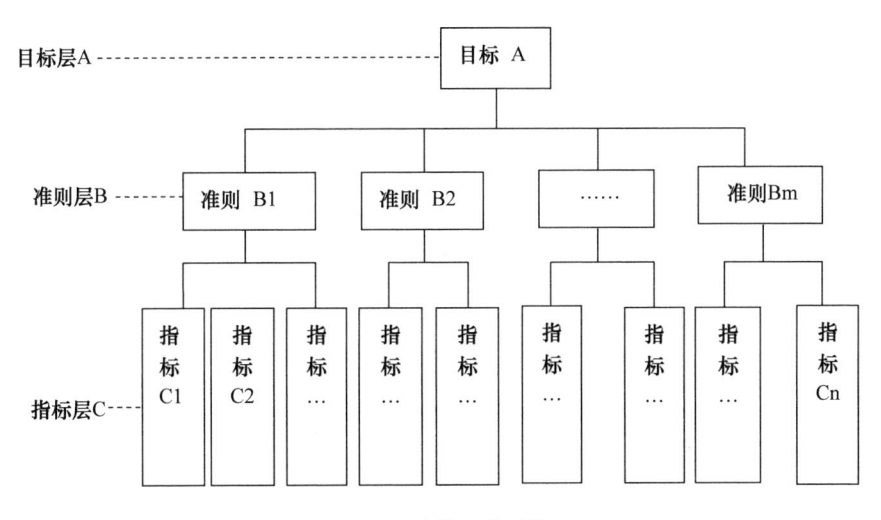

```
目标层A -------------------------- 目标 A
                                    │
          ┌─────────────┬───────────┼───────────┬─────────────┐
准则层B -- 准则 B1      准则 B2    ......       准则 Bm
          ┌──┬──┐      ┌──┬──┐     ┌──┬──┐      ┌──┬──┐
指标      指标 指标 指标 指标 指标   指标 指标    指标 指标
指标层C -- C1 C2 ...    ...  ...    ...  ...     ...  Cn
```

图 6.2　决策层次结构

资料来源：笔者根据文献自行绘制。

利益诉求相关者对重大工程建设的意见或建议反馈给决策者、设计师、建设者和运营方等在不同生命周期阶段对项目产生重大作用的关键人群，以便重大工程更好地实现其功能和价值。监测功能则是社会责任评价的另一重要功能，可以反映出社会责任履行是否偏离可行性研究报告中对于社会责任的规划和要求，以便相关负责人能够及时做出调整，以推动重大工程发挥更加积极的社会影响。此外，通过对同类型项目社会责任评价进行横向比较，或者对同一项目不同时期进行纵向比较，从而分析重大工程存在的短板，便于管理者及时明确重点。

（三）方法选择

重大工程是一个复杂系统，其社会责任指标类似于层次关系，层次分析法（AHP）是我们常用的评价方法，是一种广泛使用的多准则权重决策分析方法，可以简便灵活而又实用地将定性问题定量化处理。其特点是把复杂决策问题中的多种因素划分为多个有序且又相互独立的层次，包含目标层和准则层。通过基于客观现实的判断和专家意见结合，用1—9的整数及其倒数作为标度构造矩阵定量表示影响或者反馈作用程度的大小。

由于社会责任指标大多为定性指标，很难像经济评价指标一样用具体的数字和公式将指标量化，因此在这类定性指标评价中，专家经常用"同意""较同意"等语言术语来表达他们对指标的感受或判断。而这类语言属于呈现出边界模糊的特点，很难用1—9的整数刻度评估结果的不确定性和含糊性。诸如此类难以给出"非黑即白"的概念或事件，借助模糊数学理论会更好地反映人们在决策过程中的真实思维（张庆峰，2008）。

综上所述，由于社会责任评价涉及的因素较多，层次关系明晰，但是测度语言模糊，需要建立一种将这种模糊信息转化为确定信息的方法。因此，本研究将模糊数学理论与AHP结合起来，即采用模糊层次分析法来进行重大工程社会责任评价，模糊层次分析法是层次分析法在不确定性和含糊性问题中的延伸，是一种能处理不确定性和含糊性复杂问题的定量化方法（张诣婕，2019；孙思阳，2020）。

（四）FAHP原理

1. 层次分析法

层次分析法（Analytic Hierarchy Process，AHP）是由美国匹兹堡大学的Saaty等人于20世纪70年代提出的一种层次权重决策分析方法。在对研究对象进行层次化分析的基础上，根据研究对象的特点把目标问题划分为不同的指标，根据指标之间的隶属关系把指标分层从而构建多层次的综合分析系统。

（1）AHP结构原理。在深入分析实际解决问题的基础上，将有关因素按照不同属性自上而下地分解成若干层次，同一层的诸因素从属于上一层的因素或对上层因素有影响，同时又支配下一层的因素或受到下层因素的作用。最上层为目标层，通常只有1个因素，最下层通常为方案或对象层，中间可以有一个或几个层次，通常为准则或指标层。当准则过多时（如多于9个），应进一步分解出子准则层。

（2）优势度原理。AHP的一个重要步骤就是在一个准则下，对受支配的元素进行两两比较，由此获得判断矩阵，这种方法被称为直接优势度比较。优势度的比较结果可以用重要性语言标度表示，此外还有间接优势度比较，主要应用于元素之间可能并非独立，而是相互依存。本研究主要应用于直接优势度比较。

2. 模糊综合评价法

模糊综合评价法（Fuzzy Comprehensive Evaluation，FCE）是对受多个因素影响的事物做出全面有效的一种综合评价方法，是模糊数学在实际工作中的一种应用方式。模糊综合评价克服了精确数学的逻辑和语言缺点，强调了事物边界概念的模糊性和随机性。其评价方法中的隶属函数和隶属度较为深刻地刻画了事物的客观属性，解决了统一各项指标量纲的问题。作为定性分析和定量分析综合集成的一种常用方法，模糊综合评价法在风险评价、绩效评估等领域得到了广泛应用。

3. 模糊层次分析法

将AHP与FCE结合起来即为FAHP，其基本思想是：①将各个专家给出的两两判断重要程度用模糊重要语言标度的形式加以合成，形成一个两两模糊判断矩阵；②根据模糊互补判断矩阵的性质以及一定的运算方法，确定出模糊判断矩阵的权重向量，然后根据决策的思想对模糊权重向量进行处理，形成一个交互式的权重向量决策分析过程。总体上，FAHP具体如下优势：它考虑了决策层次之间的相对重要关系；它可以处理不精确和模糊语言的不确定性，能有效地反映模糊数据。下面给出模糊数互补判断矩阵的性质及模糊层次分析法确定指标权重的计算步骤（李钰菲等，2018；吴万里，2019）。

步骤1：模糊互补判断矩阵的建立。

在模糊层次分析中，因素间的两两比较判断时，采用一个因素比

另一个因素的重要程度定量表示,则得到的模糊判断矩阵 $A = (A_{ij})_{n*n}$,如果其具有如下性质:

(1) $a_{ij} = 0.5, i = 1, 2, \cdots, n$。

(2) $a_{ij} + a_{ji} = 1, i, j = 1, 2, \cdots, n$。

则称 A 为模糊互补判断矩阵,a_{ij} 表示"……比……重要"的隶属程度大小。

为了明确这种程度的大小,就需要建立一种从 0.1—0.9 的模糊判断尺度(刘卫峰等,2018;陈大川等,2020),如表 6.1 所示。

表 6.1　　　　　　　　相对重要性语言标度

标度 f_{ij}	定义	说明
0.5	同等重要	i 指标比 j 指标同等
0.6	略显重要	i 指标比 j 指标重要
0.7	明显重要	i 指标比 j 指标明显重要
0.8	重要得多	i 指标比 j 指标重要得多
0.9	极端重要	i 指标比 j 指标极端重要
0.1, 0.2, 0.3, 0.4	反比较	若元素 i 相对于 j 的重要性为 f_{ij},则元素 v 相对于 i 的重要性为 $f_{ji} = 1 - f_{ij}$

资料来源:刘卫峰等(2018);陈大川等(2020)。

依据重要性语言标度,对因素进行相互比较,则得到如下模糊互补判断矩阵

$$A = \begin{bmatrix} a_{11} & a_{12} & \cdots & a_{1n} \\ a_{21} & a_{22} & \cdots & a_{2n} \\ \cdots & \cdots & \cdots & \cdots \\ a_{n1} & a_{n2} & \cdots & a_{nn} \end{bmatrix}$$

其中,$a_{ij}(i, j \in (1, 2, \cdots, n))$ 的实际含义是因素 α_i 和 α_j 相对于上一层因素进行比较时,α_i 和 α_j 具有模糊关系"……比……重要得多"的隶属度。若 $a_{ij} = 0.5$ 表示因素与因素本身相比同等重要;若 $a_{ij} \in [0.1$,

0.5），则表示因素 x_j 比 x_i 重要；若 $a_{ij} \in (0.5, 0.9]$，则表示因素 x_i 比 x_j 重要（樊子平、姜艳萍，2011）。

步骤2：因素相对重要性计算

一般而言，采用FAHP需要多位专家进行评价，即

$$A_i^{(l)} = \sum_{k=1}^{n} a_{ik}^{(l)}, i = 1, 2, \cdots, n, l = 1, 2, \cdots, s \quad (6-1)$$

对其进行数学变换：

$$b_{ij}^{(l)} = \frac{a_i^{(l)} - a_j^{(l)}}{2(n-1)} + 0.5, l = 1, 2, \cdots, s \quad (6-2)$$

得到模糊一致性矩阵：

$$B = (b_{ij}^{(l)})_{n \times n}, (l = 1, 2, \cdots, s) \quad (6-3)$$

假设有 m 个专家，令 $\lambda_1 = \lambda_2 = \cdots \lambda_\infty = \delta$，即给每一个专家赋予一样大的权重 δ，根据

$$\omega_i = \frac{\sum_{i=1}^{n} \sum_{j=1}^{n} \lambda b_{ij}^{(l)} + \frac{n}{2} - 1}{n(n-1)} \quad (6-4)$$

可得矩阵中各指标相对权重 ω_i。

步骤3：各因素综合重要度排序。

根据以上步骤计算，可以得出低层次因素相对于高层次因素的相对重要性，并以此为依据对重要性进行排序，从而确定每一个因素在总体评价指标体系中所处的地位。

第二节　社会责任评价指标体系建立

（一）指标体系构建原则

建立社会责任评价指标体系，需要满足以下原则。

（1）可操作性原则：社会责任评价指标并非多多益善，关键在于评价指标在评价过程中所起作用的大小。指标宜少不宜多，宜简不宜繁，目的是能够涵盖为达到重大工程社会责任评价的基本内容，能够

反映社会责任的全部信息。指标的精练可以减少评价的时间和成本，使评价活动易于开展。

（2）独立性原则：每个指标要内涵清晰、相对独立；同一层析的各指标间应尽力不相互重叠，相互间不存在因果关系，指标体系要层次分明，简明扼要。整个评价指标体系的构成必须紧紧围绕着综合评价目的层层展开，使最后的评价结论能够准确反映评价意图。

（3）实用性原则：不同项目应该承担的社会责任不可能完全相同，主要目的在于揭示重大工程不同利益主体应该承担的关键社会责任，并且社会责任评价体系对已有项目的评价能够客观反映目前大型基础设施类项目社会责任履行的薄弱环节，帮助识别应该承担的社会责任，制定相应的预防和应对措施。

（二）指标初选

通过第五章第三节对社会责任指标的筛选，并结合基础设施类项目的特点，初步构建了重大工程社会责任评价体系（见表6.2）。

表6.2　　　　　　　　重大工程社会责任评价指标

目标层	准则层	指标层
重大工程社会责任评价指标	政治责任	征地拆迁补偿
		区域交通网络构建
		满足居民生活与出行需求
		维护周边社区关系
		政府主体部门之间有效协调
		工程反腐败
		妥善处理人、车、路、环境关系
		公共事件应急处理
	经济与质量责任	项目经济可行性决策
		项目技术可行性决策

续表

目标层	准则层	指标层
重大工程社会责任评价指标	经济与质量责任	技术创新与应用
		完善的工程项目治理机制
		道路工程质量与安全建造
		道路施工成本与工期控制
		道路养护
		工程运营成本与安全保障
	法律责任	信息公开
		积极组织公众参与
		有效监管
		设计、施工与运营符合交通行业规范及法律要求
		项目报道遵纪守法
		项目报道独立性与公正性
	环境与伦理责任	水、噪声、扬尘等污染管控
		道路沿线环境生态文化保护
		拟建道路对既有轨道的影响考量
		与周边环境的互适性
		维护参建员工权益
		施工资源的合理利用
		协调道路施工与管线施工顺序
		舆论监督
		提高环境保护意识
		监督与检举不法行为

资料来源：笔者整理。

（三）指标确定

由于社会责任指标主观性大，因此在对指标进行筛选时，需要严格控制资料来源，保证受访专家曾经参与过至少一项重大工程建设。本研究邀请了10位参与过重大工程建设的专家对前文识别出的重大工程社会责任指标进行指标认可程度判断（孙思阳，2020），受访专家的背景信息如表6.3所示。

表6.3　　　　　　　　　　受访专家背景信息

类型	分类	百分比（%）	类型	分类	百分比（%）
性别	男	100	工作年限	1—5年	10
	女	0		6—10年	70
年龄	21—30岁	10		11—20年	10
	31—40岁	70		20年以上	10
	41—50岁	10	单位角色	政府	10
	>50岁	10		业主	10
专业	工程技术	50		设计方	50
	工程管理	50		施工方	20
学历	本科	30		监理方	10
	硕士	60		运营方	10
	博士	10	项目阶段	立项阶段	70
职称	初级	10		设计阶段	70
	中级	40		建设阶段	60
	高级	50		运维阶段	10

资料来源：笔者整理。

由于受访专家都是建设领域的高级管理人员，专家的性别全部为男性，这也基本符合工程领域男女比例失调的特点。此外，专家全部受过高等教育，大多数学历在硕士及以上水平，拥有中级及以上职称，调查领域覆盖了政府、业主、设计单位、施工单位、监理单位和运营单位多种角色，参加过项目立项、设计、建设和运维阶段。可以看出专家在各个层次分布均匀，资料来源的可靠性得到保障。

在问卷调查中，让10名专家对32个社会责任指标进行打分，并对打分结果进行归一化处理并排序，结果如表6.4所示，选择社会责任指标的归一化值等于或大于0.4的指标作为重大工程社会责任评价的关键测度指标（罗岚等，2015）。从表6.4可以看出，24个社会责任指标的归一化值在0.4以上，且包括了社会责任的三个层面，因此，筛选出社会责任评价的24个指标进行FAHP模型的构建。

表6.4　　　　　　　重大工程社会责任指标排序

编号	指标	均值	归一化	排序
1	满足居民生活与出行需求	4.9	1.00	1
2	公共事件应急处理	4.9	1.00	1
3	道路工程质量与安全建造	4.9	1.00	1
4	水、噪声、扬尘等污染管控	4.8	0.94	4
5	区域交通网络构建	4.7	0.88	5
6	妥善处理人、车、路、环境关系	4.7	0.88	5
7	项目技术可行性决策	4.7	0.88	5
8	提高环境保护意识	4.7	0.88	5
9	道路施工成本与工期控制	4.6	0.82	9
10	设计、施工与运营符合交通行业规范及法律要求	4.6	0.82	9
11	道路沿线环境生态文化保护	4.6	0.82	9
12	拟建道路对既有轨道的影响考量	4.5	0.76	12
13	维护参建员工权益	4.5	0.76	12
14	协调道路施工与管线施工顺序	4.5	0.76	12
15	完善的工程项目治理机制	4.4	0.71	15
16	与周边环境的互适性	4.4	0.71	15
17	监督与检举不法行为	4.4	0.71	15
18	维护周边社区关系	4.3	0.65	18
19	项目经济可行性决策	4.3	0.65	18
20	工程运营成本与安全保障	4.3	0.65	18
21	政府主体部门之间有效协调	4.2	0.59	21
22	信息公开	4.2	0.59	21
23	工程反腐败	4	0.47	23
24	有效监管	4	0.47	23
25	施工资源的合理利用	3.8	0.35	25
26	道路养护	3.8	0.35	25
27	项目报道遵纪守法	3.8	0.35	25
28	技术创新与应用	3.8	0.35	25
29	项目报道独立性与公正性	3.8	0.35	25
30	征地拆迁补偿	3.5	0.18	30
31	舆论监督	3.3	0.06	31
32	积极组织公众参与	3.2	0.00	32

资料来源：笔者根据调研数据整理。

通过再次与专家确认指标体系的合理性，分析了归一化值在0.4以下的指标被排除的原因。有的是因为该项指标已经有清晰的责任主体且相关方在这方面已经相对较好,比如征地拆迁补偿、施工资源的合理利用、积极组织公众参与、技术创新与应用和道路养护;还有的指标是因为和其他指标相比确实重要程度较低,比如项目报道遵纪守法、项目报道独立性与公正性和舆论监督,见表6.5。

表6.5 筛选出的重大工程社会责任关键指标

准则层	政治责任 U_1	经济与质量责任 U_2	法律责任 U_3	环境与伦理责任 U_4
指标层	区域交通网络构建 U_{11};满足居民生活与出行求 U_{12};维护周边社区关系 U_{13};政府主体部门之间有效协 U_{14};工程反腐 U_{15};妥善处理人、车、路、环境关系 U_{16};公共事件应急处理 U_{17}	项目经济可行性决策 U_{21};项目技术可行性决策 U_{22};完善的工程项目治理机制 U_{23};道路工程质量与安全建造 U_{24};道路施工成本与工期控制 U_{25};工程运营成本与安全保障 U_{26}	信息公开 U_{31};有效监管 U_{32};设计、施工与运营符合交通行业规范及法律要求 U_{33}	水、噪声、扬尘等污染管控 U_{41};道路沿线环境生态文化保护 U_{42};拟建道路对既有轨道的影响考量 U_{43};与周边环境的互适性 U_{44};维护参建员工权益 U_{45};协调道路施工与管线施工顺序 U_{46};提高环境保护意识 U_{47};监督与检举不法行为 U_{48}

资料来源:笔者根据调研数据整理。

第三节 社会责任评价模型构建

(一)建立递阶层次结构模型

根据筛选出的重大工程关键指标构建AHP结构模型。重大工程社会责任评价指标包括政治责任(U_1),经济与质量责任(U_2),法律责任(U_3),环境与伦理责任(U_4)。每个社会责任构成部分又包括多个因素,$U_1 = \{U_{11}, U_{12}, U_{13}, U_{14}, U_{15}, U_{16}, U_{17}\} = \{$满足居民生活与出行需求,维护周边社区关系,政府主体部门之间有效协调,工程反腐败,妥善处理人、车、路、环境关系,公共事件应急处理$\}$;$U_2 = \{U_{21}, U_{22}, U_{23}, U_{24}, U_{25}, U_{26}\} = \{$项目经济可行性决策,项目技术可行性决策,完善的工程项目治理机制,道路工程质量与安全建造,道路施工成本与工期控制，工程运营成本与安全保障$\}$；$U_3 = \{U_{31}, U_{32}, U_{33}\}$ = $\{$信息公开，有效监管，设计、施工与运营符合交通行业规范及法律要求$\}$；$U_4 = \{U_{41}, U_{42}, U_{43}, U_{44}, U_{45}, U_{46}, U_{47}, U_{48}\}$ = $\{$水、噪声、扬尘等污染管控，道路沿线环境生态文化保护，拟建道路对既有轨道的影响考量，与周边环境的互适性，维护参建员工权益，协调道路施工与管线施工顺序，提高环境保护意识，监督与检举不法行为$\}$。

（二）构建模糊判断矩阵

通过让专家对指标进行两两重要性比较得出模糊判断矩阵。这里一共发放20份问卷，通过严格筛选，得到有效问卷12份。集合所有有效问卷数据可以得到社会一级指标模糊判断矩阵 A，社会责任二级指标模糊判断矩阵 U_1，U_2，U_3，U_4。

$$A = \begin{bmatrix} 0.5 & 0.59 & 0.58 & 0.57 \\ 0.41 & 0.5 & 0.57 & 0.58 \\ 0.42 & 0.43 & 0.5 & 0.6 \\ 0.43 & 0.42 & 0.4 & 0.5 \end{bmatrix}$$

$$U_1 = \begin{bmatrix} 0.5 & 0.43 & 0.63 & 0.68 & 0.65 & 0.63 & 0.54 \\ 0.57 & 0.5 & 0.62 & 0.63 & 0.65 & 0.57 & 0.55 \\ 0.37 & 0.38 & 0.5 & 0.58 & 0.55 & 0.54 & 0.52 \\ 0.32 & 0.37 & 0.42 & 0.5 & 0.55 & 0.53 & 0.51 \\ 0.35 & 0.35 & 0.45 & 0.45 & 0.5 & 0.58 & 0.51 \\ 0.37 & 0.43 & 0.46 & 0.47 & 0.42 & 0.5 & 0.58 \\ 0.46 & 0.45 & 048 & 0.49 & 0.49 & 0.42 & 0.5 \end{bmatrix}$$

$$U_2 = \begin{bmatrix} 0.5 & 0.45 & 0.63 & 0.47 & 0.53 & 0.53 \\ 0.55 & 0.5 & 0.58 & 0.51 & 0.59 & 0.53 \\ 0.37 & 0.42 & 0.5 & 0.51 & 0.56 & 0.5 \\ 0.53 & 0.49 & 0.49 & 0.5 & 0.59 & 0.58 \\ 0.47 & 0.41 & 0.44 & 0.41 & 0.5 & 0.54 \\ 0.47 & 047 & 0.5 & 0.42 & 0.46 & 0.5 \end{bmatrix}$$

$$U_3 = \begin{bmatrix} 0.5 & 0.61 & 0.53 \\ 0.39 & 0.5 & 0.56 \\ 0.47 & 0.44 & 0.5 \end{bmatrix}$$

$$U_4 = \begin{bmatrix} 0.5 & 0.57 & 0.56 & 0.54 & 0.48 & 0.53 & 0.47 & 0.56 \\ 0.43 & 0.5 & 0.53 & 0.54 & 0.5 & 0.56 & 0.51 & 0.55 \\ 0.44 & 0.47 & 0.5 & 0.56 & 0.47 & 0.53 & 0.47 & 0.57 \\ 0.46 & 0.46 & 0.44 & 0.5 & 0.5 & 0.59 & 0.5 & 0.53 \\ 0.52 & 0.5 & 0.53 & 0.5 & 0.5 & 0.56 & 0.46 & 0.54 \\ 0.47 & 0.44 & 0.47 & 0.41 & 0.44 & 0.5 & 0.45 & 0.57 \\ 0.53 & 0.49 & 0.53 & 0.5 & 0.54 & 0.55 & 0.5 & 0.55 \\ 0.44 & 0.45 & 0.43 & 0.47 & 0.46 & 0.43 & 0.45 & 0.5 \end{bmatrix}$$

（三）计算指标排序权重

在现实决策研究中，由于事物的复杂性以及人们认识事物的片面性，这时所得的判断矩阵还是存在矛盾的，所以模糊矩阵的一致性是很重要的，它能体现人们判断的一致性。根据模糊一致矩阵的定义，按照公式（6-2）对其进行模糊数学变换，可以分别得到模糊一致判断矩阵 M_1，N_1，N_2，N_3，N_4。下面以社会责任一级指标构成的模糊判断矩阵 A 为例，权重计算过程如下。

按照公式（6-2）对模糊判断矩阵 A 进行数学变换，得到模糊一致矩阵 M_1：

$$M_1 = \begin{bmatrix} 0.5 & 0.53 & 0.55 & 0.58 \\ 0.47 & 0.5 & 0.52 & 0.55 \\ 0.45 & 0.48 & 0.5 & 0.53 \\ 0.42 & 0.45 & 0.47 & 0.5 \end{bmatrix}$$

接下来按照公式（6-4）计算得到 $\omega_1 = (0.2633, 0.2533, 0.2472, 0.2361)^T$。

从而得到准则层各项评价指标的权重系数，分别为政治责任（0.2633），经济与质量责任（0.2533），法律责任（0.2472），环境与伦理责任（0.2361）。

同理，根据问卷数据可进一步求得准则内部模糊判断矩阵和各个二级指标的相对重要性，限于篇幅，过程从略，结果见表6.6。

表6.6　　　　　　　社会责任评价指标权重

总目标	一级指标	二级指标	综合权重
重大工程社会责任评价	政治责任（0.2633）	区域交通网络构建（0.1506）	0.03966
		满足居民生活与出行需求（0.1522）	0.03977
		维护周边社区关系（0.1420）	0.03739
		政府主体部门之间有效协调（0.1387）	0.03652
		工程反腐败（0.1386）	0.03648
		妥善处理人、车、路、环境关系（0.1391）	0.03663
		公共事件应急处理（0.1399）	0.03685
	经济与质量责任（0.2533）	项目经济可行性决策（0.1689）	0.04277
		项目技术可行性决策（0.1719）	0.04353
		完善的工程项目治理机制（0.1639）	0.04151
		道路工程质量与安全建造（0.1701）	0.04308
		道路施工成本与工期控制（0.1621）	0.04105
		工程运营成本与安全保障（0.1631）	0.04130
	法律责任（0.2472）	信息公开（0.3508）	0.08673
		有效监管（0.3271）	0.08086
		设计、施工与运营符合交通行业规范及法律要求（0.3221）	0.07962
	环境与伦理责任（0.2361）	水、噪声、扬尘等污染管控（0.1271）	0.03002
		道路沿线环境生态文化保护（0.1262）	0.02980
		拟建道路对既有轨道的影响考量（0.1251）	0.02954
		与周边环境的互适性（0.1248）	0.02946
		维护参建员工权益（0.1261）	0.02978
		协调道路施工与管线施工顺序（0.1224）	0.02891
		提高环境保护意识（0.1269）	0.02997
		监督与检举不法行为（0.1212）	0.02862

资料来源：笔者根据调研数据整理。

重大工程社会责任动机复杂性及治理策略研究

　　从重大工程核心社会责任指标的权重分配结果可以看出，重大工程应该全面均衡地关注其在政治、经济与质量、法律、环境与伦理方面应该承担的社会责任。在政治责任方面，满足居民生活与出行需求（0.03977）和区域交通网络构建（0.03966）分别排名第一和第二，这也恰好反映了重大工程的目的是为社会公众提供服务，决定人民的生活质量，代表了一个城市和地区的经济实力。需要注意的是，政治责任的承担主体为政府部门，政府对城市道路项目的建设拥有决策权，在社会责任管理中起到关键作用。如果政府的公共权力行使缺乏规范与约束，将会对社会稳定、国家财产和民众生命安全造成重大的不可挽回的损失，因此工程反腐败（0.03648）也是避免潜在工程质量问题和安全事故等的重要手段。另外，政府对公共事件应急处理（0.03685）也是维护社会稳定的保障。在经济与质量责任方面，项目技术可行性决策（0.04353）和道路工程质量与安全建造（0.04308）分别占据第一和第二的位置，超过经济类指标。由此可见，技术决策、质量控制和安全建造代表重大工程的基本目标。工程前期决策技术失误或建造过程中质量缺陷将会导致工程事故或人员伤亡，进而使得重大工程违背其为人民服务的初衷。此外，由于基础设施类项目为政府投资建设的非经营性项目，具有公益性质，旨在提高人民出行便利性和加快城市发展，但是由于政府的财政压力大，社会业务繁多，仍需要做好经济性决策，才能够长久有效地支持非经营性的建设。在法律责任方面，设计、施工和运营符合交通行业规范及法律要求（0.07962）是相关参建方的行为准则，突破法律防线将异化出多种类型的机会主义行为，推动重大工程信息公开（0.08673）和有效监管（0.08086）是实现工程社会责任治理的良好途径。在环境与伦理责任方面，加强水、噪声、扬尘等污染管控（0.03002）和提高环境保护意识（0.02997）是目前最为关心的话题，这与我国越来越强调人与自然和谐统一的意识有关，只有尊重自然、保护环境，人与社会才能够得以长期生存和发展。

（四）综合评价

1. 单因素模糊评判矩阵的建立

建立定性指标的单因素评价评语集 $V = \{V_1, V_2, \cdots, V_m\}$，让参与评价的专家对指标 U_i 进行评定，统计评价结果属于等级 V_i 的频数 M_{ij}，进一步得到：

$$r_{v_j}(D_i) = M_{ij}/N \tag{6-5}$$

式（6-5）中：M_{ij} 为评价结果属于 V_i 的次数；N 为参与评价的专家人数；$r_{v_j}(D_i)$ 为 $D \in V_i$ 的隶属度。

则指标 U_i 的隶属函数为：

$$r_{v_j} = \frac{r_{v_1}(D_i)}{V_1} + \frac{r_{v_2}(D_i)}{V_2} + \cdots + \frac{r_{v_m}(D_i)}{V_m} \tag{6-6}$$

通过对调查问卷的回收、整理与统计，可以建立 U 到 V 的单因素评判矩阵 R 为：

$$R = \begin{bmatrix} r_{11} & r_{12} & \cdots & r_{1m} \\ r_{21} & r_{22} & \cdots & r_{2m} \\ \vdots & \vdots & \ddots & \vdots \\ r_{n1} & r_{n2} & \cdots & r_{nm} \end{bmatrix}$$

2. 综合评价模型建立

将单因素评价矩阵分别与权重集进行模糊变换，设其权重为 $W = (w_1, w_2, \cdots, w_n)$，即得到模糊综合评价模型：

$$r = W \cdot R = (w_1, w_2, \cdots, w_n) \begin{bmatrix} r_{11} & r_{12} & \cdots & r_{1m} \\ r_{21} & r_{22} & \cdots & r_{2m} \\ \vdots & \vdots & \ddots & \vdots \\ r_{n1} & r_{n2} & \cdots & r_{nm} \end{bmatrix} = (r_1, r_2, \cdots, r_m)$$

$$\tag{6-7}$$

这里采用的是模糊合成运算普通矩阵乘法（即加权平均法），这种模型让每个因素对综合评价都有所贡献，客观地反映了评价对象的全貌。

第七章　重大工程社会责任评价体系实证分析

第一节　××市 A 国道辅道快速化项目概况

（一）××市 A 国道辅道快速化项目背景

××市是××省省会，地处中原腹地，是全国重要的铁路、公路、航空、邮电、通信兼具的综合性重要交通通信枢纽。随着××新区总体框架的搭建形成，××市的空间布局将由原有的单中心结构向多中心趋势发展。为支撑这一城市空间布局的调整，在现有的道路网基础上，强化路网的东西延伸，南北放射，形成"八纵八横"的快速通道布局，最终形成棋盘式路网布局。××市东三环 A 国道辅道工程是在改善××市南北向交通状况，提升快速路通行能力、建造快速通道系统、缓解分流主城区交通压力的背景下提出的。A 国道辅道是××市南北向客运大通道，同时也是××东站向东进行南北疏散的最重要通道，对完善城市路网、分流××东站交通、缓解交通压力具有极其重要的意义。

（二）项目信息

××市 A 国道辅道快速化通道工程规划为南北向城市快速通道，包含道路工程、桥梁工程、排水工程、隧道工程（××东路至××路段）、地道工程（为南四环主线南、北半幅分别呈东西走向下穿 A 国道辅道的地道)、电气工程、绿化工程及附属工程等。全线北起北四环以南,南至南四环,全长约20千米,规划高架主线为双向八车道,设计速度80千米/时,地面双向八车道,设计速度50千米/时,共设置6座互通立交,分别为北四环、新龙路、北三环、陇海路、南三环、南四环。项目采用PPP模式,投资额约为80亿元,主要建安投资62亿元。建设工期18个月,计划2016年2月25日开工,2017年8月31日完工。

建设单位为××投资管理有限公司,负责全线建设管理工作。××有限公司负责A国道辅道工程总体设计协调,分别由××大学建筑设计研究院(集团)有限公司负责设计一标,××市市政工程勘测设计研究院负责设计二标,××第四勘察设计院集团有限公司负责设计三标,上海××有限公司负责设计四标,××省城乡规划设计研究总院有限公司负责设计五标,××工程设计咨询集团有限公司负责设计六标,××市政工程设计研究总院(集团)有限公司负责设计七标和八标。施工单位为××建路桥集团有限公司××市A国道辅道快速化工程PPP项目总承包部。监理总协调单位为××建达工程建设监理公司,此外还有××万安工程建设监理有限公司、××正兴工程管理有限公司、××方大建设工程管理股份有限公司、××广源建设建理咨询有限公司等八家监理公司分管八个标段。

第二节 ××市A国道辅道快速化项目社会责任评价过程

(一) 数据获取

基于在本工程项目实习经历,数据获取方便且来源真实。通过向参与本项目建设的设计、建设、施工等单位人员发放问卷,共收到10份有效问卷。问卷评语采用五级评语集,$V = \{$优秀,良好,一般,差,很差$\} = \{V_1, V_2, V_3, V_4, V_5\}$,以问卷调查形式进行单因素评价,得出各个因素的评语。通过对问卷的回收、整理和统计,得到关于该项目的社会责任评价结果见表7.1。

表7.1　　　　　　　社会责任评价指标调查统计表

指标		评价情况				
		优秀	良好	一般	差	很差
政治责任	区域交通网络构建	8	1	1	0	0
	满足居民生活与出行需求	9	1	0	0	0
	维护周边社区关系	2	7	1	0	0
	政府主体部门之间有效协调	5	4	1	0	0
	工程反腐败	2	4	4	0	0
	妥善处理人、车、路、环境关系	2	2	2	3	1
	公共事件应急处理	1	3	6	0	0
经济与质量责任	项目经济可行性决策	1	8	1	0	0
	项目技术可行性决策	3	2	3	2	0
	完善的工程项目治理机制	1	4	4	1	0
	道路工程质量与安全建造	5	1	4	0	0
	道路施工成本与工期控制	1	4	4	1	0
	工程运营成本与安全保障	1	5	4	0	0
法律责任	信息公开	2	1	7	0	0
	有效监管	2	8	0	0	0
	设计、施工与运营符合交通行业规范及法律要求	2	6	2	0	0
环境与伦理责任	水、噪声、扬尘等污染管控	3	3	4	0	0
	道路沿线环境生态文化保护	2	7	1	0	0
	拟建道路对既有轨道的影响考量	2	7	1	0	0
	与周边环境的互适性	3	1	3	2	1
	维护参建员工权益	2	3	3	2	0
	协调道路施工与管线施工顺序	2	2	4	0	2
	提高环境保护意识	1	4	3	2	0
	监督与检举不法行为	2	3	4	1	0

资料来源：笔者根据调研数据统计整理。

（二）模型应用

通过公式（6-6）计算各个指标的隶属度，得到社会责任评价指标隶属度表7.2。

表7.2　　　　　　　社会责任评价指标隶属度表

指标		评价情况				
		优秀	良好	一般	差	很差
政治责任	区域交通网络构建	0.8	0.1	0.1	0	0
	满足居民生活与出行需求	0.9	0.1	0	0	0
	维护周边社区关系	0.2	0.7	0.1	0	0
	政府主体部门之间有效协调	0.3	0.4	0.3	0	0
	工程反腐败	0.2	0.4	0.4	0	0
	妥善处理人、车、路、环境关系	0.2	0.2	0.2	0.3	0.1
	公共事件应急处理	0.1	0.3	0.6	0	0
经济与质量责任	项目经济可行性决策	0.1	0.8	0.1	0	0
	项目技术可行性决策	0.3	0.2	0.3	0.2	0
	完善的工程项目治理机制	0.1	0.4	0.4	0.1	0
	道路工程质量与安全建造	0.5	0.1	0.4	0	0
	道路施工成本与工期控制	0.1	0.4	0.4	0.1	0
	工程运营成本与安全保障	0.1	0.5	0.4	0	0
法律责任	信息公开	0.2	0.1	0.7	0	0
	有效监管	0.2	0.8	0	0	0
	设计、施工与运营符合交通行业规范及法律要求	0.2	0.6	0.2	0	0
环境与伦理责任	水、噪声、扬尘等污染管控	0.3	0.3	0.4	0	0
	道路沿线环境生态文化保护	0.2	0.7	0.1	0	0
	拟建道路对既有轨道的影响考量	0.2	0.7	0.1	0	0
	与周边环境的互适性	0.3	0.1	0.3	0.2	0.1
	维护参建员工权益	0.2	0.3	0.3	0.2	0
	协调道路施工与管线施工顺序	0.2	0.2	0.4	0	0.2
	提高环境保护意识	0.1	0.4	0.3	0.2	0
	监督与检举不法行为	0.2	0.3	0.4	0.1	0

资料来源：笔者根据调研数据统计整理。

通过指标隶属度表，可以建立从 U 到 V 的单因素模糊判断矩阵 R，然后按照公式（6-7）计算模型综合评价结果，其中 W 为第六章第三节通过模糊层次分析法计算得到的指标加权权重。

$$r = W \cdot R = \begin{bmatrix} 0.03966 \\ 0.03977 \\ 0.03739 \\ 0.03652 \\ 0.03648 \\ 0.03663 \\ 0.03685 \\ 0.04277 \\ 0.04353 \\ 0.04151 \\ 0.04308 \\ 0.04105 \\ 0.04130 \\ 0.08673 \\ 0.08086 \\ 0.07962 \\ 0.03002 \\ 0.02980 \\ 0.02954 \\ 0.02946 \\ 0.02978 \\ 0.02891 \\ 0.02997 \\ 0.02862 \end{bmatrix} \begin{bmatrix} 0.8 & 0.1 & 0.1 & 0 & 0 \\ 0.9 & 0.1 & 0 & 0 & 0 \\ 0.2 & 0.7 & 0.1 & 0 & 0 \\ 0.5 & 0.4 & 0.1 & 0 & 0 \\ 0.2 & 0.4 & 0.4 & 0 & 0 \\ 0.2 & 0.2 & 0.2 & 0.3 & 0.1 \\ 0.1 & 0.3 & 0.6 & 0 & 0 \\ 0.1 & 0.8 & 0.1 & 0 & 0 \\ 0.3 & 0.2 & 0.3 & 0.2 & 0 \\ 0.1 & 0.4 & 0.4 & 0.1 & 0 \\ 0.5 & 0.1 & 0.4 & 0 & 0 \\ 0.1 & 0.4 & 0.4 & 0.1 & 0 \\ 0.1 & 0.5 & 0.4 & 0 & 0 \\ 0.2 & 0.1 & 0.7 & 0 & 0 \\ 0.2 & 0.8 & 0 & 0 & 0 \\ 0.2 & 0.6 & 0.2 & 0 & 0 \\ 0.3 & 0.3 & 0.4 & 0 & 0 \\ 0.2 & 0.7 & 0.1 & 0 & 0 \\ 0.2 & 0.7 & 0.1 & 0 & 0 \\ 0.3 & 0.1 & 0.3 & 0.2 & 0.1 \\ 0.2 & 0.3 & 0.3 & 0.2 & 0 \\ 0.2 & 0.2 & 0.4 & 0 & 0.2 \\ 0.1 & 0.4 & 0.3 & 0.2 & 0 \\ 0.2 & 0.3 & 0.4 & 0.1 & 0 \end{bmatrix} = (0.262, 0.393, 0.284, 0.049, 0.012)$$

（三）评价结果

按照隶属度最大原则，最大值为 0.393，属于良好，即××市 A 国道辅道快速化道路的社会责任评价结果为良好。排名第二和第三的 0.284 和 0.263，对应的分别是一般和优秀，说明在项目建设中社会责任管理还有进步的空间。这个结果与通过专家访谈了解到的项目情况基本吻合。下面从社会责任的四个维度，结合模型运算结果和专家访谈结果谈一谈××市A国道辅道快速化工程项目的社会责任在哪些方面存在问题以及如何改进。

在政治责任方面，该项目的规划与建设能够很好地构建区域交通网络，满足公众生活与出行需求，但是在细节上还存在一些不足。首先，项目实施前没有做到全盘规划，沿线范围内涉及的产权单位、设施等底数不清，场地布置、土方堆弃等准备不足，导致建设时期各项成本增加。其次，道路规划对沿线的拉动效应预测不足，没有妥善处理好人、车、路和环境的关系，在前期规划时忽视和××高速、××东路、高铁东站等连接匝道设置问题，在项目建设期间二次设计出图，增加匝道规划布置来解决道路拥堵、车辆兜圈等通行不便现象。虽然该问题最终得到了解决，但是造成了工期延误、成本增加等后果。最后，政府主体部门的协调组织不力，比如涉及铁路交叉路段和沿线军事设施，各部门各自为政，推诿扯皮，造成各种资源的巨大浪费。

在经济与质量责任方面，项目评价集中在一般的结果，在项目实施过程确实也存在一些问题。比如业主只重视工程直接成本而缺乏考虑间接成本和社会成本，总包单位只考虑管理费而成为承接项目专业户，施工主体是怎么省钱怎么施工，普遍存在职业道德素养不高的问题，根源在于一切向钱看的教育导向。在质量责任方面，质量问题时时被经济效益掩盖，如箱梁制作尺寸偏差大、变形严重等质量问题，不是从根本上以技术措施进行解决，而是参建各方以经济手段进行平衡。

在法律责任方面，参建各方能够按照法律规范和设计要求约束自己的行为，但是责任追究机制不健全。由于责任划分不明确，存在平行管理、多头管理现象，出现责任问题造成的损失要么平摊责任，或是法不责众，没有从根源上解决问题。例如，刚建成的工程说拆就拆，却无人担责。

在环境与伦理责任方面，项目实施过程中受到扬尘治理的管控，相比以前大大改善了环境污染问题，但是这些措施是基于政府环保部门的强制要求，而非参建主体主动行为，环保责任意识仍然处于较低的水平。如建设过程中的渣土无人统筹协调，层层分包给渣土清运公司，最终渣土是否经过无害化处理，是否充分二次利用，无人关心。

这些问题暴露出重大工程在社会责任方面还存在一些不足，通过进一步改革和完善决策机制，广泛征求各行各业专家和群众的意见，增加决策透明度，重视和强化社会责任的推行，将会大大改善社会责任缺失问题带来的负面效应。对此，政府作为决策层领导，要善于倾听各方意见，合理决策；建设单位作为执行层，要科学合理地确定质量、工期、经济等目标，保证设计、施工和监理等参建各方的合理利益，监督参建各方按照合同履约；咨询单位作为决策的辅助执行层，要端正态度做好参谋，认真负责地选择技术专业、诚信履约、实力强劲的参建单位，公平合理地控制项目投资；监理单位作为项目建设的监督员，要按照国家和行业标准严格履约；施工单位作为把设计图纸变成实体项目的劳动者，是施工质量的保证人，要时时刻刻以高标准、严要求约束自身行为，提高责任意识；运维单位作为项目运行单位，要定期给工程做好"体检"工作，保证项目的质量和安全始终处于合格状态。

需要注意的是，上述主要针对××市A国道辅道快速化通道工程在社会责任方面出现的问题进行总结和建议，而较少提及项目的合理性等好的方面。不可否认的是项目的建设在长期内大大改善了居民出行和生活，有助于与社区建立良好关系，提高了项目的韧性。它所带来的正向效益足以弥补项目建设对周边环境与生活带来的破坏，最终使城市变得更加美好。

第三节 ××市A国道辅道快速化项目社会责任提升建议

（一）完善可行性论证评估机制

可行性研究报告是国家明文规定的前期关键性文件，一旦形成，将成为后续一系列建设活动的依据。因此项目前期应对可行性研究方案进行充分论证，一定要有真实的资料来源、翔实的研究分析和政策法规支持，确保可行性研究的准确性、可操作性和可持续性。社会责任作为可行性研究报告内容的一部分，其评价内容过于简单，往往是对涉及的社会责任进行简短的定性描述，并没有达到真正的社会责任评价目的，没有引起利益相关者的关注。完善可行性论证评估机制，建议将社会责任评价纳入到前期可行性研究报告，规范社会责任评价方法和标准，从根源上加强对社会责任的重视，明确利益相关方社会责任行为，从而提高社会责任履行度。

（二）加强社会责任相关法律法规

法律法规具有强制性，是建筑行业各企业必须遵守的硬性规定。目前，我国出台的关于建筑行业社会责任的相关文件尚处于引导性的开端阶段，比如中国对外承包工程行业社会责任指引、绿色施工标准等指导性文件。适用于建筑行业社会责任的法律法规还处于空白阶段，对社会责任缺失行为的打击力度较小，需要尽快加强相关工作。在制定和完善社会责任相关法律法规时，需要结合实际经验，考虑不同类型项目的特点以及不同地区和不同企业的差异，推动相关法律和规范的形成，为重大工程项目社会责任管理提供有力的法律规范支持。随着社会责任紧迫性的日益突显，具有行业规范性质的社会责任评价体系和相关指导性文件需要逐渐从导向功能转型为强制性标准，从而解决大型基础设施项目可持续发展困境。

（三）确立社会责任管理体系

无论是大型基础设施项目的参与企业还是项目本身，都应该建立一套社会责任管理体系。目前仅有少数大型企业或类似于西气东输、南水北调这样的重大工程会发布社会责任报告，绝大多数项目还是缺少社会责任管理和监督机制。建立项目社会责任管理体系，定期公开社会责任报告，充分保障公民知情权和参与权，使社会责任管理处于公开透明的监督环境中，可以提高相关方社会责任履行的自觉性。将项目社会责任评价与参与企业绩效挂钩，建立良好的社会责任激励制度，良好的社会责任评价结果不仅对项目有利，同时也能提高企业核心竞争力，从而带动整个建筑行业的健康发展。

第八章 重大工程社会责任治理策略

第一节 重大工程社会责任治理依据

本研究从重大工程面临的社会责任治理困境出发,指出社会价值创造的单一判断标准和缺乏量化可操作的社会责任评价体系是导致这一困境的重要原因,围绕重大工程社会责任多元动机的辨识、动机复杂性以及社会责任评价体系等主题展开研究,研究结论是进行重大工程社会责任治理策略设计的重要依据,具体如下:

(1) 解构了重大工程社会责任的多元化动机构成,厘清了参建方互惠动机的合理性和正当性。在利他动机理论的基础上,结合行业专家访谈,识别出情境化的 MSR 动机,包括社会价值动机和互惠动机两种成分,其中互惠动机包含企业发展和政治诉求两种类别,除了传统的社会价值动机,为了满足互惠动机而履行社会责任不应给予否定和争议,应当充分地接受和肯定其合理性和正常性。

(2) 在政府—市场二元机制下,系统分析了 MSR 的政府规制体系及其传递路径,同时重点分析项目指挥部这一典型项目组织模式中政府规制机构的作用机制,研究发现,政府规制体系是重大工程社会责任得以履行的重要驱动和最为有效的手段;重大工程中项目自身和参建方分别与政府之间形成的政府关联是 MSR 规制得以传递和执行的重要路径和桥梁,成为 MSR 动机出现动态复杂性的重要情境要素。

（3）揭示了重大工程社会责任动机的动态复杂性特征。基于行业调研数据，采用层次回归分析方法，验证了上述两种利他动机与 MSR 之间的关系。结合规制体系对 MSR 的影响及其传递路径，提取了重大工程普遍存在的政府关联这一变量，综合论证了重大工程社会责任动机复杂性。结果表明，参建方的社会价值动机对 MSR 的驱动作用要大于互惠动机，但两种动机之间具有动态转化关系，当政府关联普遍较高时，社会价值动机会转换为互惠动机，且这种转换具有隐蔽性和动态性。

（4）重大工程社会责任履行程度评价。对当前重大工程关键参建方履行社会责任的程度进行了整体调研和评价，调查发现，首先，关键参建方在项目的立项阶段、实施阶段和运营维护阶段均在较大程度上履行了社会责任，但目前尚存在以下问题：立项阶段对社会责任的重视不足，设计阶段专家只有建议权，决策权仍由政府掌握，施工环节存在虚假社会责任现象，运维环节缺乏应急管理考量等问题；其次，当前出现社会责任缺失的主要原因是项目评价体系不完善、参建方社会责任意识薄弱、社会责任专职监管机构空缺。

（5）重大工程社会责任评价体系。通过专家访谈和问卷调研识别出重大工程社会责任清单，构建重大工程社会责任评价体系，包括政治、经济与质量、法律、环保与伦理四个维度，共 20 个指标，并通过模糊层次分析法确定社会责任各级指标权重，提出将社会责任评价体系纳入到项目可行性研究报告的建议，改变传统可行性研究报告关于社会责任粗放的定性评价，强化政府和业主等关键利益者对社会责任的重视和推行，为 MSR 治理提供决策工具。

第二节　重大工程社会责任治理策略建议

根据上述研究结论，本课题展开重大工程社会责任治理策略设计，主要包括以下三个方面：

（1）重大工程社会责任治理的正向鼓励策略：政府引导构建多元化的重大工程社会责任价值标准，尤为重要的是构建认同互惠动机合理性和正当性的舆论环境。本研究表明，互惠动机本身包含利他成分，符合重大工程社会责任的本质要求和内涵，应当给予充分的肯定和正向鼓励，引导其向更加利他的社会价值动机转换和发展。承认义利兼顾的互惠动机是合理的、正当的，可以在很大程度上避免媒体对重大工程社会责任现象的误读和争议，减少参建方履行社会责任的困扰，降低重大工程社会责任履行成本，从根本上破解"作为导致争议"的社会责任治理困境。

（2）重大工程社会责任治理的异化阻断策略：鉴于外部环境对重大工程社会责任动机复杂性的影响，在重大工程中，需要建立更加开放、规范、透明的市场环境，允许更多民营企业与国有企业通过公平竞争并以关键参建方的身份获得重大工程参建机会，降低项目实施对国有企业的依赖，稀释政府关联等市场环境因素对诱发参建方履行社会责任动机异化转换的影响，使得参建方的利他动机得以清晰识别、合理保护和激励，事前阻断社会价值动机向互惠动机隐蔽地转换，有效减少行为复杂性涌现，提高重大工程项目管理效能。

（3）从规制体系上强化重大工程项目决策阶段的社会责任评价。决策阶段的项目评价对重大工程社会责任的履行会产生至关重要的决定性影响。重大工程社会责任评价体系为决策者推动项目社会责任切实履行提供了具体的策略工具。参考项目的经济、技术评价，规制部门可以将量化可操作的社会责任评价体系纳入重大工程项目可行性研究报告，提供清晰可辨的社会责任任务清单，通过健全重大工程社会责任相关的规制体系来强化参建方的社会责任意识和约束，从根本上解决"不作为导致缺失"的社会责任困境，确保社会责任得以切实履行。

本研究从重大工程社会责任面临的挑战和治理困境出发，根据利他行为理论、公共管理、社会责任研究等多方面的理论成果，厘清了重大工程社会责任的多元动机成分及其动态复杂性特征，并依据重大工程社会责任缺失的原因进行调研，构建并论证了重大工程社会责任评价体系，从项目决策阶段强化重大工程关键利益相关者对社会责任的重视和切实履行，为决策者提供量化可操作的策略工具，据此提出了重大工程社会责任治理策略，为推动重大工程可持续发展及其理论构建提供了重要支撑和实践指导。

参考文献

任宏：《巨项目管理》，科学出版社2012年版。

盛昭瀚：《重大工程综合集成管理——苏通大桥工程管理理论的探索与思考》，科学出版社2009年版。

曾赛星、林翰、马汉阳：《重大工程社会责任》，科学出版社2018年版。

植草益：《微观规制经济学》，中国发展出版社1992年版。

周望：《中国"小组机制"研究》，天津人民出版社2010年版。

蔡宁、李建升、李巍：《实现企业社会责任：机制构建及其作用分析》，《浙江大学学报》（人文社会科学版）2008年第4期。

陈冠南：《基于政府角色视角的我国政府推进大型企业社会责任建设研究》，《兰州大学学报》（社会科学版）2018年第2期。

陈宏辉、张麟、向燕：《企业社会责任领域的实证研究：中国大陆学者2000—2015年的探索》，《管理学报》2016年第7期。

陈亚军、杨南贵、王文、陈超辉：《基础设施工程资源节约技术应用及成效分析》，《建筑技术开发》2019年第9期。

陈志松、王慧敏、仇蕾、陈军飞：《南水北调东线工程运营管理的演化博弈及策略研究》，《资源科学》2010年第8期。

窦明、赵辉、关锋、姚保垒、耿直：《南水北调受水区地下水压采监督管理体系设计》，《中国水利》2010年第19期。

段世霞：《我国大型公共工程公众参与机制的思考》，《宁夏社会科学》2012 年第 3 期。

樊慧玲：《政府社会性规制与企业社会责任耦合的模式选择》，《管理现代化》2013 年第 5 期。

方华峰：《基于大数据的三峡库区生态环境监测体系构建》，《人民长江》2017 年第 17 期。

丰景春、刘洪波：《工程社会责任主体结构的研究》，《科技管理研究》2008 年第 12 期。

丰静、王孟钧、牛丰：《方法论视角下重大工程决策研究》，《铁道工程学报》2019 年第 5 期。

甘琳、申立银、傅鸿源：《基于可持续发展的项目评价指标体系的研究》，《土木工程学报》2009 年第 11 期。

高喜珍、侯春梅：《非经营性交通项目的社会影响评价研究》，《交通运输系统工程与信息》2012 年第 1 期。

耿合江、韩振燕、崔伟：《企业社会责任的影响因素及推进机制》，《中国人力资源开发》2008 年第 7 期。

郭岚、陈愚：《政府俘获与企业社会责任关系研究综述》，《生态经济》2015 年第 9 期。

郭铜元、何慧斌：《城市道路建设项目后评价中过程评价的指标与方法研究》，《交通与运输》（学术版）2007 年第 2 期。

何继善、王进、喻珍：《工程和谐与工程创新的互动关系研究》，《中国工程科学》2008 年第 12 期。

何菁：《治理工程腐败的伦理学探究》，《昆明理工大学学报》（社会科学版）2013 年第 2 期。

何清华、杨德磊、罗岚、高宇：《复杂建设项目实施过程界面管理的测度》，《统计与决策》2017 年第 6 期。

洪伟民、陈威威：《建设工程领域工程腐败研究进展及述评》，《建筑经济》2017 年第 2 期。

黄晓慧：《论环境影响评价制度的移植异化》，《广东社会科学》2014

年第 3 期。

贾广社、王意：《工程哲学视角下的工程社会环境研究》，《山西建筑》2014 年第 8 期。

金仁仙：《中国企业社会责任政策的分析及启示》，《北京社会科学》2019 年第 8 期。

金帅、盛昭瀚、丁翔：《重大工程前期决策体系研究》，《建筑经济》2013 年第 9 期。

乐云、崇丹、曹冬平：《基于社会网络分析方法的建设项目组织研究》，《建筑经济》2010 年第 8 期。

乐云、林洪波、阚洪生、张亚峰：《重大类 PPP 项目利益相关方关系网络研究——以郑州轨道交通 3 号线项目为例》，《华东经济管理》2016 年第 6 期。

乐云、刘嘉怡：《政府—市场二元作用与我国重大工程组织模式的关系》，《工程管理学报》2017 年第 6 期。

乐云、俞琳、白居：《中国重大工程顶层组织中的兼任机制："政府—市场"二元视角》，《工程管理学报》2016 年第 3 期。

乐云、张云霞、李永奎：《政府投资重大工程建设指挥部模式的形成、演化及发展趋势研究》，《项目管理技术》2014 年第 9 期。

李迁、朱永灵、刘慧敏、程书萍：《港珠澳大桥决策治理体系：原理与实务》，《管理世界》2019 年第 4 期。

李伟阳、肖红军、王欣：《社会责任国际标准 ISO 26000 在中国的"合意性"研究》，《经济管理》2011 年第 9 期。

李永奎、乐云、张兵、单明：《权力和行为特征对工程腐败严重程度的影响——基于 148 个典型案例的实证》，《管理评论》2013 年第 8 期。

李永奎、乐云、张艳、胡毅：《"政府—市场"二元作用下的我国重大工程组织模式：基于实践的理论构建》，《系统管理学报》2018 年第 1 期。

李钰菲、杨慧娟、朱潘飞：《基于模糊层次分析法的旅游养老地产投资风险评价》，《大连民族大学学报》2018年第2期。

梁茹、盛昭瀚：《基于综合集成的重大工程复杂问题决策模式》，《中国软科学》2015年第11期。

刘生龙、胡鞍钢：《交通与经济增长：中国区域差距的视角》，《中国工业经济》2010年第4期。

刘新萍、王海峰、王洋洋：《议事协调机构和临时机构的变迁概况及原因分析——基于1993—2008年间的数据》，《中国行政管理》2010年第9期。

刘哲铭、隋越、金治州、杨旭：《国际视域下重大工程社会责任的演进》，《系统管理学报》2018年第1期。

麦强、盛昭瀚、安实、高星林：《重大工程管理决策复杂性及复杂性降解原理》，《管理科学学报》2019年第8期。

梅立润、陶建武：《中国政治信任实证研究：全景回顾与未来展望》，《社会主义研究》2018年第3期。

邱聿旻、程书萍：《基于政府多重功能分析的重大工程"激励—监管"治理模型》，《系统管理学报》2018年第1期。

沈岐平、杨静：《建设项目利益相关者管理框架研究》，《工程管理学报》2010年第4期。

孙思阳：《基于模糊层次分析法的虚拟学术社区用户知识交流效果评价研究》，《情报科学》2020年第2期。

谈毅、慕继丰：《论合同治理和关系治理的互补性与有效性》，《公共管理学报》2008年第3期。

王爱民：《基于社会责任的重大工程危机管理研究》，《当代经济管理》2015年第3期。

王爱民：《重大工程社会责任与危机管理协同的信息策略》，《科技管理研究》2014年第23期。

王歌、何清华、杨德磊等：《制度压力、环境公民行为与环境管理绩效：基于中国重大工程的实证研究》,《系统管理学报》2018 年第 1 期。

王海潮、蒋云钟、王浩、鲁帆:《国内跨流域调水工程对南水北调中线建设和运行管理的启示》,《水利水电技术》2008 年第 1 期。

王利平:《"中魂西制"——中国式管理的核心问题》,《管理学报》2012 年第 4 期。

魏淑艳、蒙士芳:《我国公共决策议程设置模式的历史演进——以重大水利工程决策为例》,《东南学术》2019 年第 6 期。

温华、段国钦、黄志雄、冼宪恒:《港珠澳大桥主体工程建设期中华白海豚保护管理实践初探》,《海洋湖沼通报》2016 年第 3 期。

吴绍艳、刘晓峰:《基于 IAHP 的项目经济评价群体决策研究——以大型基础设施项目为例》,《北京理工大学学报》(社会科学版) 2011 年第 3 期。

肖红军、张哲:《企业社会责任悲观论的反思》,《管理学报》2017 年第 5 期。

肖红军、郑若娟、李伟阳:《企业社会责任的综合价值创造机理研究》,《中国社会科学院研究生院学报》2014 年第 6 期。

谢琳琳、褚海涛、韩婷、乐云:《基于社会行动理论的重大工程社会责任行为选择》,《土木工程与管理学报》2018 年第 6 期。

谢琳琳、韩婷、胡毅、乐云:《我国建筑施工企业社会责任指标体系》,《土木工程与管理学报》2018 年第 6 期。

谢琳琳、许庭、纪安琪、乐云:《项目经理特质对工程社会责任实施绩效的影响研究》,《建筑经济》2019 年第 2 期。

严玲、邓娇娇、吴绍艳:《临时性组织中关系治理机制核心要素的本土化研究》,《管理学报》2014 年第 6 期。

严敏、严玲、邓娇娇:《行业惯例、关系规范与合作行为:基于建设项目组织的研究》,《华东经济管理》2015 年第 8 期。

杨书燕、吴小节、汪秀琼:《制度逻辑研究的文献计量分析》,《管理评论》2017 年第 3 期。

杨顺湘、彭建国、陈义华、钟德友、杨晔、张正海、廖明辉、雷云、陈泽彬：《统筹推进三峡库区生态环境保护的制度建设研究》，《重庆大学学报》（社会科学版）2014 年第 3 期。

叶晓甦、覃丹丹、石世英：《PPP 项目公众参与机制研究》，《建筑经济》2016 年第 3 期。

易欣：《PPP 轨道交通项目多任务委托代理监管激励机制》，《交通运输系统工程与信息》2016 年第 3 期。

余伟萍、祖旭、孟彦君：《重大工程环境污染的社会风险诱因与管理机制构建——基于项目全寿命周期视角》，《吉林大学社会科学学报》2016 年第 4 期。

曾晖、成虎：《重大工程项目全流程管理体系的构建》，《管理世界》2014 年第 3 期。

曾赛星：《重大工程管理》，《科学观察》2018 年第 6 期。

张劲文、盛昭瀚：《重大工程决策"政府式"委托代理关系研究——基于我国港珠澳大桥工程实践》，《科学决策》2014 年第 12 期。

张水波、康飞、高颖：《国际 PPP 项目合同网络及其承购合同的安排》，《国际经济合作》2011 年第 2 期。

张伟、朱宏亮：《我国政府投资项目管理的制度变迁》，《土木工程学报》2007 年第 5 期。

张湘：《〈中国对外承包工程行业社会责任指引〉解读》，《中国经贸》2012 年第 12 期。

郑守仁《三峡工程在长江生态环境保护中的关键地位与作用》，《人民长江》2018 年第 21 期。

周祖城：《企业社会责任的关键问题辨析与研究建议》，《管理学报》2017 年第 5 期。

朱方伟、孙谋轩、王琳卓、孙秀霞、于淼：《地方政府在存量 PPP 项目中价值冲突的研究——一个基于网络的视角》，《公共管理学报》

2019年第2期。

甘晓龙:《基于利益相关者理论的项目可持续建设方案决策模型研究》,博士学位论文,重庆大学,2014年。

何清华、杨德磊、李永奎、罗岚:《重大工程组织公民行为多维内涵模型构建》,2015中国工程管理论坛论文,广州,2015年5月。

兰冀聪:《PPP模式在在市政道路项目的应用研究》,硕士学位论文,北京交通大学,2017年。

刘航:《重大工程项目社会责任评价研究》,硕士学位论文,哈尔滨工业大学,2016年。

马汉阳:《重大工程社会责任效应与治理》,博士学位论文,上海交通大学,2018年。

王子明:《国家重点建设项目决策过程的逻辑》,博士学位论文,南京大学,2013年。

吴万里:《基于模糊层次分析法的银行小微企业信贷风险评级及防范机制研究》,硕士学位论文,华南理工大学,2019年。

尹建平:《南水北调工程的伦理风险与规避机制研究》,硕士学位论文,河南师范大学,2012年。

张灿明:《河南省地方基础设施PPP项目实施前期问题研究》,硕士学位论文,郑州大学,2018年。

张诣婕:《JY公司内部控制活动有效性评价》,硕士学位论文,西安理工大学,2019年。

赵斯昕:《煤炭企业社会责任体系及评价研究》,博士学位论文,中国矿业大学(北京),2012年。

南水北调工程建设委员会办公室:《〈南水北调工程质量责任终身制实施办法〉颁布实施》,http://www.gov.cn/gzdt/2012-04/28/content_2125689.htm,2012年4月28日。

中国石油天然气集团公司:《西气东输(2002—2013)企业社会责任报告》,http://www.cnpc.com.cn/cnpc/lncbw/201404/efe08666aa8d4

bdba1d8baf40b84d340. shtml，2014 年 4 月 23 日。

Aguilera R. V., Rupp D. E., Williams C. A., et al., "Putting the S Back in Corporate Social Responsibility: A Multilevel Theory of Social Change in Organizations." *Academy of Management Review*, Vol. 32, No. 3, 2007.

Aguinis H., Glavas A., "What We Know and Don't Know About Corporate Social Responsibility: A Review and Research Agenda." *Journal of Management*, Vol. 38, No. 4, 2012.

Albareda, L., Lozano, J. M., Ysa, T., "Public Policies on Corporate Social Responsibility: the Role of Governments in Europe." *Journal of Business Ethics*, Vol. 74, No. 4, 2007.

Amir B., Jan T. K., and Nasser M. F., "Novel Approach to Satisfying Stakeholders in Megaprojects: Balancing Mutual Values." *Journal of Management in Engineering*, Vol. 36, No. 2, 2020.

Atkin B., Skitmore M., "Stakeholder Management in Construction." *Construction Management and Economics*, Vol. 26, No. 6, 2008.

Austin J. E., Seitanidi M. M., "Collaborative Value Creation: A Review of Partnering between Nonprofits and Businesses: Part I. Value Creation Spectrum and Collaboration Stages." *Nonprofit and Voluntary Sector Quarterly*, Vol. 41, No. 5, 2012.

Bosch-Rekveldt M., Jongkind Y., Mooi H., et al., "Grasping Project Complexity in Large Engineering Projects: The TOE (Technical, Organizational and Environmental) Framework." *International Journal of Project Management*, Vol. 29, No. 6, 2011.

Burkert M., Ivens B. S., Shan J., "Governance Mechanisms in Domestic and International buyer-supplier relationships: An empirical study." *Industrial Marketing Management*, Vol. 41, No. 3, 2012.

Campbell J. L. "Why Would Corporations Behave in Socially Responsible

Ways? An Institutional Theory of Corporate Social Responsibility." *Academy of Management Review*, Vol. 32, No. 3, 2007.

Charles M. B., Ryan R., Castillo C. P., et al., "Safe and Sound? The Public Value Trade-off in Worker Safety and Public Infrastructure Procurement." *Public Money and Management*, Vol. 28, No. 3, 2008.

Chen S. H., Wen P. C., Yang C. K., "Business Concepts of Systemic Service Innovations in E-Healthcare." *Technovation*, 2014, Vol. 34, No. 9, 2014.

Chernev, Alexander and Sean Blair., "Doing Well By doing Good: The Benevolent Halo of Corporate Social Responsibility." *Journal of Consumer Research*, Vol. 41, No. 6, 2015.

Chih Y. Y., Zwikael O., "Project Benefit Management: A Conceptual Framework of Target Benefit Formulation." *International Journal of Project Management*, Vol. 33, No. 2, 2015.

Christensen, Lisa Jones, Alison Mackeyand David Whetten., "Taking Responsibility for Corporate Social Responsibility: The Role of Leaders in Creating, Implementing, Sustaining, or Avoiding Socially Responsible Firm Behaviors." *The Academy of Management Perspectives*, Vol. 28, No. 2, 2014.

Dare J., "Will the Truth Set Us Free? An Exploration of CSR Motive and Commitment." *Business and Society Review*, Vol. 121, No. 1, 2016.

Derakhshan R., Turner R., Mancini M., "Project Governance and Stakeholders: a Literature Review." *International Journal of Project Management*, Vol. 37, No. 1, 2019.

DiMaggio, P. J., and Powell, W. W., "The Iron Cage Revisited: Institutional Isomorphism and Collective Rationality in Organizational Fields." *American Sociological Review*, Vol. 48, No. 2, 1983.

Ehrhart M. G., Naumann S. E., "Organizational Citizenship Behavior in

Work Groups: a Group Norms Approach. " *Journal of Applied Psychology*, *Vol.* 89, No. 6, 2004.

Erkul M., Yitmen I., Celik T., "Dynamics of Stakeholder Engagement in Mega Transport Infrastructure Projects. " *International Journal of Managing Projects in Business*, 2019.

Faisol N., Dainty A. R. J., Price A. D. F., "The Concept of´Relational Contracting'as A tool for Understanding Inter-organizational Relationships in Construction. " 21*st Annual Association of Researchers in Construction Management* (*ARCOM*) *Conference*, 2005.

Fang D., Wu C., Wu H., "Impact of the Supervisor on Worker Safety Behavior in Construction Projects. " *Journal of Management in Engineering*, Vol. 31, No. 6, 2015, p. 04015001.

Fehr, Ernst, and Urs Fischbacher., "The Nature of Human Altruism. " *Nature*, Vol. 4425, No. 6960, 2003.

Flyvbjerg, Bent, ed., "The Oxford Handbook of Megaproject Management. " *Oxford*: *Oxford University Press*, 2017.

Flyvbjerg, B., "What you Should Know about Megaprojects and Why: An Overview. " *Project Management Journal*, Vol. 45, No. 2, 2014.

Fogler H. R., Nutt F., "A Note on Social Responsibility and Stock Valuation. " *Academy of Management Journal*, Vol. 18, No. 1, 1975.

Frynas J. G., Stephens S., "Political Corporate Social Responsibility: Reviewing Theories and Setting New Agendas. " *International Journal of Management Reviews*, Vol. 17, No. 4, 2015.

Fu P. P., Tsui A. S., Liu J., et al., "Pursuit of Whose Happiness? Executive Leaders'transformational Behaviors and Personal Values. " *Administrative Science Quarterly*, Vol. 55, No. 2, 2010.

Garriga E., Melé D., "Corporate Social Responsibility Theories: Mapping the Territory. " *Journal of Business Ethics*, Vol. 53, No. 1 – 2, 2004.

Giezen M., "Keep it Simple? A Case Study into the Advantages and Disadvantages of Reducing Complexity in Mega Project Planning." *International Journal of Project Management*, Vol. 30, No. 70, 2012.

Gil N., Beckman S., "Introduction: Infrastructure Meets Business: Building New Bridges, Mending Old Ones." *California Management Review*, Vol. 51, No. 2, 2009.

Govindan, Kannan, Devika Kannan, and K. Madan Shankar., "Evaluating the Drivers of Corporate Social Responsibility in the Mining Industry With Multi-criteria Approach: A Multi-stakeholder Perspective." *Journal of Cleaner Production*. Vol. 84, No. 2, 2014.

Grant, Adam, "Give and Take: A Revolutionary Approach to Success." New York: Viking Penguin Group, 2013.

Greenwood R., Raynard M., Kodeih F., et al., "Institutional Complexity and Organizational Responses." *Academy of Management annals*, Vol. 5, No. 1, 2011.

He Q., Chen X., Wang G., et al., "Managing Social Responsibility for Sustainability in Megaprojects: An Innovation Transitions Perspective on Success." *Journal of Cleaner Production*, Vol. 241, 2019.

He Q., Yang D., Li Y., et al., "Research on Multidimensional Connotations of Megaproject Construction Organization Citizenship Behavior." *Frontiers of Engineering Management*, Vol. 2, No. 2, 2015.

Huemann M., Eskerod P., Ringhofer C., Rethink! Project Stakeholder Management, Project Management Institute (PMI), Newtown Square, PA, 2016.

Jamali D., Karam C., "Corporate Social Responsibility in Developing Countries as an Emerging Field of Study." *International Journal of Management Reviews*, 2016.

Jia G., Yang F., Wang G., et al., "A Study of Mega Project from a

Perspective of Social Conflict Theory." *International Journal of Project Management*, *Vol.* 29, No. 7, 2011.

Kamann D. J., Strijker D., "The Network Approach: Concepts and Applications." *London: Innovation Networks: Spatial Perspectives*, 1991.

Kim, Kwang-Ho; Kim, MinChung; Qian, Cuili., "Effect of Corporate Social Responsibility on Corporate Financial Performance: A Competitive-Action Perspective." *Journal of Management*, Vol. 44, No. 3, 2018.

Kitzmueller M., Shimshack J., "Economic Perspectives on Corporate Social Responsibility." *Journal of Economic Literature*, Vol. 50, No. 1, 2012.

Korytárová J., Hromádka V., "The Economic Evaluation of Megaprojects Social and Economic Impacts." *Procedia-Social and Behavioral Sciences*, Vol. 119, 2014.

Laursen M., Svejvig P., "Taking Stock of Project Value Creation: A Structured Literature Review With Future Directions for Research and Practice." *International Journal of Project Management*, Vol. 34, No. 4, 2016.

Le Y., Shan M., Chan A. P. C., et al., "Overview of Corruption Research in Construction." *Journal of Management in Engineering*, Vol. 30, No. 4, 2014.

Lee C. J., Wang R., Hsu S. C., et al., "Board of Director's Role in Preventing Corporate Misconduct in the Construction Industry." *Journal of Management in Engineering*, Vol. 34, No. 2, 2018.

Li Q., Song L., List G. F., et al., "A New Approach to Understand Metro Operation Safety by Exploring Metro Operation Hazard Network (MOHN)." *Safety Science*, Vol. 93, No. 1, 2017.

Li S. X., Yao X., Sue-Chan C., et al., "Where do Social Ties Come from: Institutional Framework and Governmental tie Distribution among

Chinese Managers." *Management and Organization Review*, Vol. 7, No. 1, 2011.

Li T. H. Y., Ng S. T., Skitmore M., "Evaluating Stakeholder Satisfaction During Public Participation in Major Infrastructure and Construction Projects: A Fuzzy Approach." *Automation in Construction*, Vol. 29, 2013.

Li W., Zhang R., "Corporate Social Responsibility, Ownership Structure, and Political Interference: Evidence from China." *Journal of Business Ethics*, Vol. 96, No. 4, 2010.

Li X., Liang X. "A Confucian Social Model of Political Appointments Among Chinese Private Entrepreneurs." *Academy of Management Journal*, 2014.

Li Y., Lu Y., Taylor J. E., et al., "Bibliographic and Comparative Analyses to Explore Emerging Classic Texts in Megaproject Management." *International Journal of Project Management*, Vol. 36, No. 2, 2018.

Li, Ning, Bradley L. Kirkman, and Christopher OLH Porter., "Toward a Model of Work Team Altruism." *Academy of Management Review*, Vol. 39, No. 4, 2014.

Lichtenstein S., Badu E., Owusu-Manu D. G., et al., "Corporate Social Responsibility Architecture and Project Alignments: A Study of the Ghanaian Construction Industry." *Journal of Engineering Design & Technology*, Vol. 11, No. 3, 2013.

Lin H., Sui Y., Ma H., et al., "CEO Narcissism, Public Concern, and Megaproject Social Responsibility: Moderated Mediating Examination." *Journal of Management in Engineering*, Vol. 34, No. 4, 2018.

Lin H., Zeng S., Ma H., et al., "An Indicator System for Evaluating Megaproject Social Responsibility." *International Journal of Project Management*, Vol. 35, No. 7, 2017.

Lin S. C., "An Analysis for Construction Engineering Networks." *Journal of Construction Engineering and Management*, Vol. 141, No. 5, 2015.

Lin X., Ho C. M. F., Shen G. Q. P., "A Conceptual Framework for CSR Implementation in the Construction Industry: A Relational Approach", *International Conference on Construction and Real Estate Management*, 2014.

Lin X., Ho C. M. F., Shen G. Q. P., "Who Should Take the Responsibility? Stakeholders'power Over Social Responsibility Issues in Construction Projects." *Journal of Cleaner Production*, Vol. 154, 2017.

Lin X., McKenna B., Ho C. M. F., et al., "Stakeholders' influence Strategies on Social Responsibility Implementation in Construction Projects." *Journal of Cleaner Production*, Vol. 235, 2019.

Lin, Chieh-Peng, et al., "Modeling Corporate Citizenship and Its Relationship with Organizational Citizenship Behaviors." *Journal of Business Ethics*, Vol. 95, No. 3, 2010.

Liu J., Zuo J., Sun Z., et al., "Sustainability in Hydropower Development—A Case Study." *Renewable and Sustainable Energy Reviews*, Vol. 19, No. 1, 2013.

Liu Y. W., Zhao G. F., Wang S. Q., "Many Hands, Much Politics, Multiple Risks the Case of the 2008 Beijing Olympics Stadium." *Australian Journal of Public Administration*, Vol. 69, 2010.

Liu Y., Feng T., Li S., "Stakeholder Influences and Organization Responses: A Case Study of Corporate Social Responsibility Suspension." *Management and Organization Review*, Vol. 11, No. 3, 2015.

Liu Z., Z. W., Wang H., et al., "Handling Social Risks in Government-driven Mega Project: an Empirical Case Study from West China." *International Journal of Project Management*, Vol. 34, No. 2, 2016.

Liu, Z., Wang, L., Sheng, Z., "Social Responsibility in Infrastructure Mega-projects: A Case Study of Ecological Compensation for Sousa Chinensis During the Construction of the Hong Kong-Zhuhai-Macao

Bridge." *Frontiers Eng. Manag*, Vol. 5, No. 1, 2018.

Lizzette PÉRez Lespier, Suzanna Long, Tom Shoberg, et al., "A Model for the Evaluation of Environmental Impact Indicators for a Sustainable Maritime Transportation Systems." *Frontiers of Engineering Management*, Vol. 6, No. 3, 2019.

Luo L., He Q., Hu Y., et al., "Measuring the Complexity of Mega Construction Projects in China—A Fuzzy Analytic Network Process Analysis." *International Journal of Project Management*, Vol. 33, No. 3, 2015.

Ma H., Liu Z., Zeng S., et al., "Does Megaproject Social Responsibility Improve the Sustainability of the Construction Industry?" *Engineering, Construction and Architectural Management*, 2019.

Ma H., Zeng S., Lin H., et al., "The Societal Governance of Megaproject Social Responsibility." *International Journal of Project Management*, Vol. 35, No. 7, 2017.

Maignan I., Ralston D. A., "Corporate Social Responsibility in Europe and the US: Insights from Businesses'self-presentations." *Journal of International Business Studies*, Vol. 33, No. 3, 2002.

Malik M., "Value-enhancing Capabilities of CSR: A Brief Review of Contemporary Literature." *Journal of Business Ethics*, Vol. 127, No. 2, 2015.

Matten, Dirk, and Jeremy Moon., "'Implicit' and 'explicit' CSR: A Conceptual Framework for a Comparative Understanding of Corporate Social Responsibility." *Academy of Management Review*, Vol. 33, No. 2, 2008.

Maurer I., "How to Build Trust in Inter-organizational Projects: The Impact of Project Staffing and Project Rewards on the Formation of Trust, Knowledge Acquisition and Product Innovation." *International Journal of Project Management*, Vol. 28, No. 7, 2010.

Meng X., "The Effect of Relationship Management on Project Performance in Construction." *International Journal of Project Management*, Vol. 30, No. 2, 2012.

Misani N., "The Organizational Outcomes of Corporate Social Responsibility: A Review of the Literature." http://ssrn.com/abstract: 2968787, 2017.

Mok K. Y., Shen G. Q., Yang J., "Stakeholder Management Studies in Mega Construction Projects: A Review and Future Directions." *International Journal of Project Management*, Vol. 33, No. 2, 2015.

Mok K. Y., Shen G. Q., Yang R. J., et al., "Investigating Key Challenges in Major Public Engineering Projects by a Network-theory Based Analysis of Stakeholder Concerns: A Case Study." *International Journal of Project Management*, Vol. 35, No. 1, 2017.

Morgeson, Frederick P., et al., "Extending Corporate Social Responsibility Research to the Human Resource Management and Organizational Behavior Domains: A Look to the Future." *Personnel Psychology*, Vol. 66, No. 4, 2013.

Mzembe, andrew Ngawenja, et al., "Investigating the Drivers of Corporate Social Responsibility in the Global tea Supply Chain: A Case Study of Eastern Produce Limited in Malawi." *Corporate Social Responsibility and Environmental Management*, Vol. 23, No. 3, 2016.

Müller R., Turner R., andersen E. S., et al., "Ethics, Trust, and Governance in Eemporary organizations." *Project Management Journal*, Vol. 45, No. 4, 2014.

O. Oliomogbe G., J. Smith N., "Value in Megaprojects" Organization Technology & Management in Construction, Vol. 4, 2013.

Oladinrin T. O., Ho C. M. F., "Strategies for Improving Codes of Ethics Implementation in Construction Organizations." *Project Management*

Journal, Vol. 45, No. 5, 2014.

Olander S., Landin A., "Evaluation of Stakeholder Influence in the Implementation of Construction Projects." *International Journal of Project Management*, Vol. 23, No. 4, 2005.

Peloza J., Falkenberg L., "The Role of Collaboration in Achieving Corporate Social Responsibility Objectives." *California Management Review*, Vol. 51, No. 3, 2009.

Petrovic Lazarevic S. "The Development of Corporate Social Responsibility in the Australian Construction Industry." *Construction Management and Economics*, Vol. 26, No. 2, 2008.

Piliavin J. A., Charng H. W., "Altruism: A Review of Recent Theory and Research." *Annual Review of Sociology*, Vol. 16, No. 1, 1990.

Pryke S. D., "Towards a Social Network Theory of Project Governance." *Construction Management and Economics*, Vol. 23, No. 9, 2005.

Qi G. Y., Shen L. Y., Zeng S. X., et al., "The Drivers for Contractors' green Innovation: an Industry Perspective." *Journal of Cleaner Production*, Vol. 18, No. 14, 2010.

Salet W., Bertolini L., Giezen M., "Complexity and Uncertainty: Problem or Asset in Decision making of Mega Infrastructure Projects?" *International Journal of Urban and Region Research*, Vol. 37, No. 6, 2013.

Salomon R., Wu Z., "Institutional Distance and Local Isomorphism Strategy." *Journal of International Business Studies*, Vol. 43, No. 4, 2012.

Scherer A. G., "Theory Assessment and Agenda Setting in Political CSR: A Critical Theory Perspective." *International Journal of Management Reviews*, 2017.

She Y., Shen L., Jiao L., et al., "Constrains to Achieve Infrastructure Sustainability for Mountainous Townships in China." *Habitat International*, Vol. 73, 2018.

Shen L., Vivian W. Y. Tam, et al., "Project Feasibility Study: the Key to Successful Implementation of Sustainable and Socially Responsible Construction Management Practice." *Journal of Cleaner Production*, Vol. 18, 2010.

Shen L., Zeng S., Tam V. W. Y., "Special Edition: Social Responsibilities for the Management of Megaprojects." *International Journal of Project Management*, Vol. 35, No. 7, 2017.

Shen L. Y., Li Hao J., Tam V. W. Y., et al., "A Checklist for Assessing Sustainability Performance of Construction Projects." *Journal of Civil Engineering and Management*, Vol. 13, No. 4, 2007.

Shi Q., Liu Y., Zuo J., et al., "On the Management of Social Risks of Hydraulic Infrastructure Projects in China: A Case Study." *International Journal of Project Management*, Vol. 33, No. 3, 2015.

Stewart, Greg L., Stephen H. Courtright, and Murray R. Barrick., "Peer-based Control in Self-managing Teams: Linking Rational and Normative Influence with Individual and Group Performance." *Journal of Applied Psychology*, Vol. 97, No. 2, 2012.

Strauch L., Takano G., Hordijk M., "Mixed-use Spaces and Mixed Social Responses: Popular Resistance to a Megaproject in Central Lima, Peru." *Habitat International*, Vol. 45, 2015.

The International Organization for Standardization, ISO 26000, Guidance on Social Responsibility., 2006, Geneva, Switzerland.

Vuorinen L., Martinsuo M., "Value-oriented Stakeholder Influence on Infrastructure Projects." *International Journal of Project Management*, Vol. 37, No. 5, 2019.

Wang D., Fang S., Fu H., "Impact of Control and Trust on Megaproject Success: the Mediating Role of Social Exchange Norms." *Advances in Civil Engineering*, 2019.

Wang H., Qian C., "Corporate Philanthropy and Corporate Financial Performance: the Roles of Stakeholder Response and Political Access." *Academy of Management Journal*, Vol. 54, No. 6, 2011.

Wang N., Ma M., Wu G., et al., "Conflicts Concerning Construction Projects Under the Challenge of Cleaner Production-case Study on Government Funded Projects." *Journal of Cleaner Production*, Vol. 225, 2019.

Xie R., Fang J., Liu C., "The Effects of Transportation Infrastructure on Urban Carbon Emissions." *Applied Energy*, Vol. 196, 2017.

Xu Y., Yeung J. F. Y., Jiang S., "Determining Appropriate Government Guarantees for Concession Contract: Lessons Learned from 10 PPP Projects in China." *International Journal of Strategic Property Management*, Vol. 18, No. 4, 2014.

Yang D., He Q., Cui Q., et al., "Non-economic Motivations for Organizational Citizenship behavior in Construction Megaprojects." *International Journal of Project Management*, Vol. 38, No. 1, 2020.

Yang R., Jayasuriya S., Gunarathna C., et al., "The Evolution of Stakeholder Management Practices in Australian Mega Construction Projects." *Engineering, Construction and Architectural Management*, Vol. 25, No. 6, 2018.

Yang, Delei, et al. "Organizational Citizenship Behavior in Construction Megaprojects." *Journal of Management in Engineering*, Vol. 34, No. 4, 2018.

Yun S. J., "Experts'social Responsibility in the Process of Large-scale Nature-transforming National Projects: Focusing on the Case of the Major Rivers Restoration Projects in Korea." *Development & Society*, Vol. 43, No. 1, 2014.

Zeng, S. X., et al., "Social Responsibility of Major Infrastructure Projects in China." *International Journal of Project Management*, Vol. 33,

No. 3, 2015.

Zhai L., Xin Y., Cheng C., "Understanding the Value of Project Management from a Stakeholder's Perspective: Case Study of Mega-project Management." *Project Management Journal*, Vol. 40, No. 1, 2009.

Zhai Z., Ahola T., Le Y., et al., "Governmental Governance of Megaprojects: the Case of EXPO 2010 Shanghai." *Project Management Journal*, Vol. 48, No. 1, 2017.

Zhang L., He J., Zhou S., "Sharing Tacit Knowledge for Integrated Project Team Flexibility: Case Study of Integrated Project Delivery." *Journal of Construction Engineering and Management*, Vol. 139, No. 7, 2012.

Zhao Z. Y., Zhao X. J., Davidson K., et al., "A Corporate Social Responsibility Indicator system for Construction Enterprises." *Journal of Cleaner Production*, Vol. 29, 2012.

Zhou Z., Mi C., "Social Responsibility Research Within the Context of Megaproject management: Trends, Gaps and Opportunities." *International Journal of Project Management*, Vol. 35, No. 7, 2017.

附录Ⅰ 重大工程社会责任指标调查问卷

尊敬的专家朋友：

您好，我们是来自河南财经政法大学工程管理与房地产学院的研究人员，国家自然科学基金项目"重大工程社会责任多元动机解构、双向演化及治理策略研究"课题组成员。此次问卷调查旨在了解重大工程关键利益相关方应该承担的社会责任及其动机成分。

重大工程是我国地方政府完善城市路网系统、加快城市转型升级和推动经济发展的重要引擎，通常位于城市内部，具有线路规划长、占地面积大、地下管线复杂、沿线环境多变、工期要求严格等特点。但当前，从重大工程建设过程中造成的交通拥堵、环境污染、质量安全事故及拆迁安置引发的社会性群体事件，可以看出重大工程社会责任缺失正是导致此类社会问题发生的根本原因。目前，重大工程社会责任管理已经成为建设领域用以解决工程复杂性、冲突性和可持续性发展问题的新途径。因此，我们设计了本调查问卷，用于识别重大工程关键利益相关者应当履行的社会责任，从而构建重大工程社会责任评价体系。在此，非常感谢您在繁忙的工作之余，帮助我们完成该项目的调查问卷。

本问卷问题没有对与错之分，填写本问卷也无须署名，作为学术研究人员，我们秉承学术研究的严谨、客观、理性的品质，郑重承诺将对您的回答严格保密。调查结果仅用于本课题的学术研究，不会用于任何形式的个人评价，分析结果也不会泄露任何个人回答，我们愿意为此承担一切责任。

如果您对本研究结论感兴趣，请留下您的电子邮箱_____，我们会在研究结束后将研究结果发送给您；如果您对项目社会责任方面有兴趣，请与我们联系。

第一部分：个人信息

以下内容请您根据实际情况，选择一个最适当的选项，并在其前面的"□"处打"√"。

1. 您的专业是：

   □工程技术　□工程管理　□金融财务　□其他_____

2. 您的具体职称：

   □初级　□中级　□高级

3. 您参与项目建设和管理的工作年限：

   □1—5 年　□6—10 年　□11—20 年　□20 年以上

4. 在参与大型基础设施工程建设中，贵单位的角色是？（可多选）

   □政府　□项目法人　□承包商　□设计方　□监理方

   □供应商　□运营商　□检测方　□NGO（非政府组织）

   □媒体　□其他

5. 在大型基础设施工程建设中，贵单位参与项目阶段有哪些？（可多选）

   □立项阶段　□设计阶段　□建设阶段　□运营阶段

6. 您的性别：

   □男　□女

7. 您的年龄：

   □≤20 岁　□21—30 岁　□31—40 岁　□41—50 岁　□>50 岁

8. 您的最高学历：

   □专科及以下　□本科　□硕士　□博士

9. 您所在的单位名称是_____

第二部分：重大工程社会责任评价指标

填写说明：请您根据个人感知对以下社会责任二级指标的描述加以评价。从1到5表示从非常不同意到非常同意：如1：非常不同意，5：非常同意。例如，如果您认为该项指标是该利益相关者必须履行的，则在5处打"√"，如果是一点都没必要的，则在1处打"√"，以此类推。如果您觉得有重要的遗漏内容，请填写在补充栏中，进行打分。

重大工程社会责任评价指标

社会责任一级指标	社会责任二级指标	指标认可程度（1非常不同意；2不同意；3不一定；4同意；5非常同意）				
政治责任	征地拆迁补偿	1	2	3	4	5
	区域交通网络构建	1	2	3	4	5
	满足居民生活与出行需求	1	2	3	4	5
	维护周边社区关系	1	2	3	4	5
	政府主体部门之间有效协调	1	2	3	4	5
	工程反腐败	1	2	3	4	5
	妥善处理人、车、路、环境关系	1	2	3	4	5
	公共事件应急处理	1	2	3	4	5
	补充					
经济与法律责任	项目经济可行性决策	1	2	3	4	5
	项目技术可行性决策	1	2	3	4	5
	技术创新与应用	1	2	3	4	5
	完善的工程项目治理机制	1	2	3	4	5
	道路工程质量与安全建造	1	2	3	4	5
	道路施工成本与工期控制	1	2	3	4	5
	道路养护	1	2	3	4	5
	工程运营成本与安全保障	1	2	3	4	5
	补充					

续表

社会责任一级指标	社会责任二级指标	指标认可程度（1 非常不同意；2 不同意；3 不一定；4 同意；5 非常同意）				
法律责任	信息公开	1	2	3	4	5
	有效监管	1	2	3	4	5
	设计、施工与运营符合交通行业规范及法律要求	1	2	3	4	5
	项目报道遵纪守法	1	2	3	4	5
	项目报道独立性与公正性	1	2	3	4	5
	补充					
环境与伦理责任	水、噪声、扬尘等污染管控	1	2	3	4	5
	道路沿线环境生态文化保护	1	2	3	4	5
	拟建道路对既有轨道的影响考量					
	与周边环境的互适性	1	2	3	4	5
	维护参建员工权益	1	2	3	4	5
	施工资源的合理利用	1	2	3	4	5
	协调道路施工与管线施工顺序	1	2	3	4	5
	舆论监督	1	2	3	4	5
	提高环境保护意识	1	2	3	4	5
	监督与检举不法行为	1	2	3	4	5
	补充					

附录Ⅱ 重大工程社会责任指标相对重要性程度调查问卷

尊敬的专家朋友：

您好，我们是来自河南财经政法大学工程管理与房地产学院的研究人员，国家自然科学基金项目"重大工程社会责任多元动机解构、双向演化及治理策略研究"及其与河南省城乡规划设计研究院合作的子课题"大型基础设施项目社会责任评价优化技术研究"课题组成员。此次问卷调查旨在了解重大工程社会责任评价指标的相对重要程度。通过第一轮问卷调查，我们确立了重大工程社会责任指标体系，即4个社会责任一级指标，每个社会责任一级指标包含不同内容的社会责任二级指标，共24个社会责任二级指标。请您根据自己的理解，对各指标之间的相对重要性进行评判。

（1）在重大工程社会责任一级指标层面，请您对政治责任 U_1，经济与质量责任 U_2，法律责任 U_3，环境与伦理责任 U_4 两两比较相对重要性。

	极端重要	非常重要	明显重要	稍微重要	同样重要	稍微不重要	明显不重要	非常不重要	极端不重要
U_1/U_2									
U_1/U_3									
U_1/U_4									

续表

	极端重要	非常重要	明显重要	稍微重要	同样重要	稍微不重要	明显不重要	非常不重要	极端不重要
U_2/U_3									
U_2/U_4									
U_3/U_4									

（2）在重大工程政治责任 U_1 层面，请您对下列二级指标两两比较相对重要性。区域交通网络构建 U_{11}，满足居民生活与出行需求 U_{12}，维护周边社区关系 U_{13}，政府主体部门之间有效协调 U_{14}，工程反腐败 U_{15}，妥善处理人、车、路、环境关系 U_{16}，公共事件应急处理 U_{17}。

	极端重要	非常重要	明显重要	稍微重要	同样重要	稍微不重要	明显不重要	非常不重要	极端不重要
U_{11}/U_{12}									
U_{11}/U_{13}									
U_{11}/U_{14}									
U_{11}/U_{15}									
U_{11}/U_{16}									
U_{11}/U_{17}									
U_{12}/U_{13}									
U_{12}/U_{14}									
U_{12}/U_{15}									
U_{12}/U_{16}									
U_{12}/U_{17}									
U_{13}/U_{14}									
U_{13}/U_{15}									
U_{13}/U_{16}									
U_{13}/U_{17}									
U_{14}/U_{15}									

续表

	极端重要	非常重要	明显重要	稍微重要	同样重要	稍微不重要	明显不重要	非常不重要	极端不重要
U_{14}/U_{16}									
U_{14}/U_{17}									
U_{15}/U_{16}									
U_{15}/U_{17}									
U_{16}/U_{17}									

（3）在重大工程经济与质量责任 U_2 层面，请您对下列二级指标两两比较相对重要性。项目经济可行性决策 U_{21}，项目技术可行性决策 U_{22}，完善的工程项目治理机制 U_{23}，道路工程质量与安全建造 U_{24}，道路施工成本与工期控制 U_{25}，工程运营成本与安全保障 U_{26}。

	极端重要	非常重要	明显重要	稍微重要	同样重要	稍微不重要	明显不重要	非常不重要	极端不重要
U_{21}/U_{22}									
U_{21}/U_{23}									
U_{21}/U_{24}									
U_{21}/U_{25}									
U_{21}/U_{26}									
U_{22}/U_{23}									
U_{22}/U_{24}									
U_{22}/U_{25}									
U_{22}/U_{26}									
U_{23}/U_{24}									
U_{23}/U_{25}									
U_{23}/U_{26}									
U_{24}/U_{25}									
U_{24}/U_{26}									
U_{25}/U_{26}									

（4）在重大工程法律责任 U_3 层面，请您对下列二级指标两两比

较相对重要性。信息公开 U_{31}，有效监管 U_{32}，设计、施工与运营符合交通行业规范及法律要求 U_{33}。

	极端重要	非常重要	明显重要	稍微重要	同样重要	稍微不重要	明显不重要	非常不重要	极端不重要
U_{31}/U_{32}									
U_{31}/U_{33}									
U_{32}/U_{33}									

（5）在重大工程环境与伦理责任 U_4 层面，请您对下列二级指标两两比较相对重要性。水、噪声、扬尘等污染管控 U_{41}，道路沿线环境生态文化保护 U_{42}，拟建道路对既有轨道的影响考量 U_{43}，与周边环境的互适性 U_{44}，维护参建员工权益 U_{45}，协调道路施工与管线施工顺序 U_{46}，提高环境保护意识 U_{47}，监督与检举不法行为 U_{48}。

	极端重要	非常重要	明显重要	稍微重要	同样重要	稍微不重要	明显不重要	非常不重要	极端不重要
U_{41}/U_{42}									
U_{41}/U_{43}									
U_{41}/U_{44}									
U_{41}/U_{45}									
U_{41}/U_{46}									
U_{41}/U_{47}									
U_{41}/U_{48}									
U_{42}/U_{43}									
U_{42}/U_{44}									
U_{42}/U_{45}									
U_{42}/U_{46}									
U_{42}/U_{47}									
U_{42}/U_{48}									

附录Ⅱ 重大工程社会责任指标相对重要性程度调查问卷

续表

	极端重要	非常重要	明显重要	稍微重要	同样重要	稍微不重要	明显不重要	非常不重要	极端不重要
U_{43}/U_{44}									
U_{43}/U_{45}									
U_{43}/U_{46}									
U_{43}/U_{47}									
U_{43}/U_{48}									
U_{44}/U_{45}									
U_{44}/U_{46}									
U_{44}/U_{47}									
U_{44}/U_{48}									
U_{45}/U_{46}									
U_{45}/U_{47}									
U_{45}/U_{48}									
U_{46}/U_{47}									
U_{46}/U_{48}									
U_{47}/U_{48}									

附录Ⅲ ××市A国道辅道快速化项目社会责任履行现状调查

尊敬的专家朋友：

您好，我们是来自河南财经政法大学工程管理与房地产学院的研究人员，国家自然科学基金项目"重大工程社会责任多元动机解构、双向演化及治理策略研究"及其与河南省城乡规划设计研究院合作的子课题"大型基础设施项目社会责任评价优化技术研究"课题组成员。此次问卷调查旨在了解××市A国道辅道快速化工程社会责任履行现状。请您根据个人实际参与经验与看法，对下列指标做出评价。本问卷问题没有对与错之分，填写本问卷也无须署名，作为学术研究人员，我们秉承学术研究的严谨、客观、理性的品质，郑重承诺将对您的回答严格保密。调查结果仅用于本课题的学术研究，不会用于任何形式的个人评价，分析结果也不会泄露任何个人回答，我们愿意为此承担一切责任。

××市A国道辅道快速化工程社会责任履行现状调查如下：

指标		评价情况				
		优秀	良好	一般	差	很差
政治责任	区域交通网络构建					
	满足居民生活与出行需求					
	维护周边社区关系					
	政府主体部门之间有效协调					
	工程反腐败					
	妥善处理人、车、路、环境关系					
	公共事件应急处理					

附录Ⅲ ××市A国道辅道快速化项目社会责任履行现状调查

续表

指标		评价情况				
		优秀	良好	一般	差	很差
经济与质量责任	项目经济可行性决策					
	项目技术可行性决策					
	完善的工程项目治理机制					
	道路工程质量与安全建造					
	道路施工成本与工期控制					
	工程运营成本与安全保障					
法律责任	信息公开					
	有效监管					
	设计、施工与运营符合交通行业规范及法律要求					
环境与伦理责任	水、噪声、扬尘等污染管控					
	道路沿线环境生态文化保护					
	拟建道路对既有轨道的影响考量					
	与周边环境的互适性					
	维护参建员工权益					
	协调道路施工与管线施工顺序					
	提高环境保护意识					
	监督与检举不法行为					

附录Ⅳ 专家访谈提纲

1. 关于重大工程社会责任履行现状的访谈问题

（1）您认为当前重大工程社会责任的执行现状如何？

（2）您认为当前重大工程社会责任缺失的主要原因有哪些？

（3）您认为重大工程社会责任关键参建方的角色是什么？

（4）请您对重大工程社会责任的重要执行主体进行排序。

（5）您认为重大工程建设在长期内是否真正大大改善了居民出行和生活？是否有助于与社区建立良好关系，提高项目的韧性？

（6）您认为重大工程的正向效益是否足以弥补项目建设对周边环境与生活带来的破坏，最终使得城市变得更加美好？

2. 关于××市A国道辅道快速化工程社会责任履行现状的访谈问题：

（1）您认为该项目建设过程中在政治方面、经济与质量方面、法律方面、环境与伦理方面的社会责任执行现状如何？请举例说明。

（2）您认为产生这种社会责任缺失现象的主要原因是什么？

（3）您认为可以从哪些方面可以改进社会责任缺失现状？

附录Ⅴ 重大工程社会责任动机调查问卷

尊敬的专家：

您好！

非常感谢您拨冗参与本次问卷调研。本调研是我们正在开展的国家自然科学基金研究课题"重大工程社会责任多元动机解构、双向演化及治理策略研究"（项目批准号71801083）的重要组成部分，旨在研究我国重大工程实施阶段参建方履行社会责任的合理动机成分及其管理策略。

鉴于您在重大工程领域的相关成就和经验，我们诚挚地邀请您参与本次问卷调研。问卷中的问题选项无对错之分，请您选择一个您最近参与过的重大工程项目作为参照，给出您认为最能反映该项目实际情况的选择。本问卷不记名，我们向您保证，您提供的一切信息只作为学术研究使用，分析处理过程均对外保密，绝不会透露您的个人信息，请放心填写。

填写过程预计需要花费您30分钟左右的时间，您的支持对完成本研究非常重要。非常感谢您的重视和支持，如果您对研究结论感兴趣，请在尾页留下您的联系方式，我们会及时将研究结果反馈给您。

河南财经政法大学 工程管理与房地产学院

注释：重大工程——指整体投资规模较大，具有较高的复杂性，较长的工期，参建方众多，对所在地区乃至国家的经济、技术、环境及居民生活有重要及广泛影响的建设项目。

重大工程参建方——指在重大工程的实施过程的关键参建方，含业主、设计、施工、咨询/监理、供货商等。

项目基本信息：

【请选择一个您最近参与过的重大工程，填写项目基本信息，并以此项目为参照回答本问卷的问题】

1. 您属于该项目的	□业主方（含业主及其委托的工程项目咨询/顾问，如监理、项目管理等） □设计方（含业主委托的设计单位、设计顾问等） □施工方（含施工总包，EPC总包，专业分包，供货商等）
2. 该项目的开工年份是	
3. 该项目的总投资额为	□＜10亿元　□10亿—20亿元　□20亿—30亿元　□30亿—40亿元　□＞40亿元
4. 该项目属于（可多选）	□国家五年规划项目 □省五年规划项目 □所在地重大/重点项目 □其他
5. 该项目属性为（可多选）	□政府投资项目　　□公私合作项目　　□私有项目
6. 该项目的管理单位为	□指挥部　□管理局　□项目公司　□项目部　□其他（请注明）
7. 您所属企业所有制类型为	□国有独资/控股　　□民营　　□外商独资/控股　　□其他（请注明）
8. 该项目所在城市	

资料来源：笔者自行绘制整理。

第一部分：重大工程社会责任现象与动机调查

请对您所在参建方的行为现象及行为动机做出评判，在对应选项前的"□"打"√"，下同。

第二部分：重大工程的政府关系调查

请您对该项目及参建方项目管理团队（我方项目管理团队）的政府关系分别做出评价。

政府关系的定义——指我方团队中管理人员/该项目与相关政府部门（含与政府有关的单位）之间存在的正式与非正式的关系，如团队成员曾经或现在在与该项目相关的政府部门中有任职或存在隐性关系，项目为中央政府投资项目等。

附录 V 重大工程社会责任动机调查问卷

请对您所在参建方团队（简称"我方"）在该项目上履行的社会责任做出评价

			评价				
			□非常不同意	□不同意	□一般	□同意	□非常同意
1	服从	我方自觉服从项目进度任务安排	□非常不同意	□不同意	□一般	□同意	□非常同意
2		我方自觉遵守项目管理要求	□非常不同意	□不同意	□一般	□同意	□非常同意
3		我方自觉服从相关部门制定的任务目标	□非常不同意	□不同意	□一般	□同意	□非常同意
4		我方严格服从政府相关部门对项目提出的要求	□非常不同意	□不同意	□一般	□同意	□非常同意
5	权变式协同	我方会善意提醒其他参建方可能出现的错误	□非常不同意	□不同意	□一般	□同意	□非常同意
6		我方会帮助其他参建方解决建设困难，如借用设备等	□非常不同意	□不同意	□一般	□同意	□非常同意
7		我方会与其他参建方分享项目经验	□非常不同意	□不同意	□一般	□同意	□非常同意
8		我方会在上下工序和界面上给其他参建方提供便利	□非常不同意	□不同意	□一般	□同意	□非常同意
9		我方主动协调解决与其他参建方之间的冲突	□非常不同意	□不同意	□一般	□同意	□非常同意
10	尽责行为	根据项目需要，我方会主动组织加班，如赶工等	□非常不同意	□不同意	□一般	□同意	□非常同意
11		我方对任务的执行精益求精，严格管理，即使无人监督	□非常不同意	□不同意	□一般	□同意	□非常同意
12		我方自觉调用充足的资源（人、财、物）支持项目建设	□非常不同意	□不同意	□一般	□同意	□非常同意
13		我方自觉参加或组织团队培训	□非常不同意	□不同意	□一般	□同意	□非常同意
14		我方自觉参加和支持项目组织的活动和会议	□非常不同意	□不同意	□一般	□同意	□非常同意

续表

		评价				
请对您所在参建方团队（简称"我方"）在该项目上履行的社会责任做出评价						
维护关系和谐	15	我方主动与政府相关部门构建和谐关系	□非常不同意	□不同意	□一般	□同意	□非常同意
	16	我方主动与外部利益相关方（移民、拆迁居民、项目周边居民、地方政府相关部门等）构建和谐关系	□非常不同意	□不同意	□一般	□同意	□非常同意
	17	为了项目利益，我方不计较与其他参建方以往的过节	□非常不同意	□不同意	□一般	□同意	□非常同意
首创性	18	我方创新性地提出了改进项目实施的方案	□非常不同意	□不同意	□一般	□同意	□非常同意
	19	我方主动采纳了先进技术与方法，如 BIM、绿色建筑等	□非常不同意	□不同意	□一般	□同意	□非常同意
	20	我方指出了项目管理的改进机会和潜在可能性	□非常不同意	□不同意	□一般	□同意	□非常同意
	21	即使没有要求，我方仍会对项目实施提出建设性建议	□非常不同意	□不同意	□一般	□同意	□非常同意
行为动机：您所在的参建方团队承担社会责任是因为						
企业发展动机	1	为了未来可以得到更多的项目建设机会	□非常不同意	□不同意	□一般	□同意	□非常同意
	2	为了未来可以与其他参建方有更多的合作机会	□非常不同意	□不同意	□一般	□同意	□非常同意
	3	为了得到各种荣誉，提升本单位的品牌形象	□非常不同意	□不同意	□一般	□同意	□非常同意
	4	为了得到其他参建方的好评	□非常不同意	□不同意	□一般	□同意	□非常同意

续表

请对您所在参建方团队（简称"我方"）在该项目上履行的社会责任做出评价		评价				
			□非常不同意	□不同意	□一般	□同意	□非常同意
5	社会价值动机	为了通过参与重大工程赢得行业和社会的信任与尊重	□非常不同意	□不同意	□一般	□同意	□非常同意
6		为了通过参与重大工程建设解决社会问题，承担应尽的社会责任	□非常不同意	□不同意	□一般	□同意	□非常同意
7		为了影响建筑领域的技术进步与行业发展	□非常不同意	□不同意	□一般	□同意	□非常同意
8	政治诉求动机	为了影响国家或当地的经济发展	□非常不同意	□不同意	□一般	□同意	□非常同意
9		为了高层管理者的政治前途	□非常不同意	□不同意	□一般	□同意	□非常同意
10		为了获取更多的政府资源支持	□非常不同意	□不同意	□一般	□同意	□非常同意

	政府关系描述	我方项目管理团队的整体政府关系强度评价					该项目的整体政府关系强度评价				
		非常低	较低	一般	较高	非常高	非常低	较低	一般	较高	非常高
1	我方项目管理团队/该项目与中央政府相关部门的关系强度	□非常低	□较低	□一般	□较高	□非常高	□非常低	□较低	□一般	□较高	□非常高
2	我方项目管理团队/该项目与省级（含直辖市）政府相关部门的关系强度	□非常低	□较低	□一般	□较高	□非常高	□非常低	□较低	□一般	□较高	□非常高
3	我方项目管理团队/该项目与地级（含直辖市下设的行政区）政府相关部门的关系强度	□非常低	□较低	□一般	□较高	□非常高	□非常低	□较低	□一般	□较高	□非常高
4	我方项目管理团队/该项目与县级政府相关部门的关系强度	□非常低	□较低	□一般	□较高	□非常高	□非常低	□较低	□一般	□较高	□非常高
5	我方项目管理团队/该项目与相关国有企业的关系强度	□非常低	□较低	□一般	□较高	□非常高	□非常低	□较低	□一般	□较高	□非常高
6	我方项目管理团队/该项目与相关行业管理机构（如非营利性行业协会、重点项目办公室等）的关系强度	□非常低	□较低	□一般	□较高	□非常高	□非常低	□较低	□一般	□较高	□非常高